KAMINOGE №105

Cover PHOTO
KUNIYOSHI TAIKOU

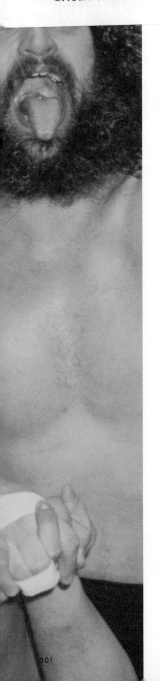

CIAL LINE-UP

HMATCH

TONIGHT'S OF
NAIL DEA

PETIT KASHIMA

俺の人生にも、一度くらい幸せなコラムがあってもいい。

VOL.104

再放送直撃とは何か？

プチ鹿島

プチ鹿島（ぷち・かしま）
1970年5月23日生まれ。芸人。
TBSラジオ『東京ポッド許可局』
（月曜24時〜）出演中。

『東京ポッド許可局』という私が出演するラジオ番組で『名作観てない論』をやった。いままで言えなかったけど、この映画やドラマをじつは観ていないという告白大会。すると出るわ、出るわ、『スター・ウォーズ』や『24』などたくさん。私も『スター・ウォーズ』と言えば『プロレス・スターウォーズ』なので恥をしのんで告白した。あの作品でのキマラや輪島はどんだけカッコよかったか。ありがとう、みのもけんじ先生！（いけない、『プロレス・スターウォーズ』の話になってしまう）。

『名作観てない論』で大事なのは「観てないけど何か？」という開き直りではなく、「これから機会があれば観てみたい」という態度だ。〝おもしろい〟のチャンスを逃していたのではないかという悔しさ。

観たつもりだったけどちゃんと観ていない作品では、『北の国から』を私は挙げた。『北の国から』のレギュラーシーズンを観ていなかったのに観た気がするのはスペシャル版の影響力である。私は以前から『北の国から』スペシャル版を「ドーム興行」と呼んでいる。よくネタにされる「子どもがまだ食ってる途中でしょうが」というラーメン屋のシーンや、純が涙した「泥のついた1万円札」はスペシャル版でのエピソードだ。つまり普段の興行（レギュラー回）を定点観測していない世間にも届いたということになる。まさに90年代のドーム興行だった。

というわけで、『北の国から』レギュラーシーズンをちゃんと観た。そうしたら、いまの時代だからこそ心に響くエピソードもあった。田中邦衛演じる黒板五郎は妻に浮気され、純と蛍を連れて富良野に来た。すると数カ月後に妻が東京から子どもたちに会いに来た。しかし五郎は、母親に会わせるところまで富良野でがんばってきたものが崩れてしまうと言って子どもたちに会わせない。観ていてあ然とした。これ、どう考えても五郎はせこい。いまなら炎上案件である。実際にドラマの中でも五郎は周囲にツッコまれまくる。

しかし、ある人が言った。「人にはそれ

ぞれ自分の理屈にならない気持ちだってある。それを知らないで他人が心の中に踏み込むんじゃないよ」（第9話）。

響いてしまった……（純のセリフ風に読んでください）。響いてしまったのである。五郎だって自分の言ってることのうしろめたさはわかっているだろう。でも、でも、こうなってしまう。理屈では測りきれない自分の気持ち。

白か黒か、ゼロか100かで問われてしまうことが多い現在。グレーゾーンは許されない。グレーゾーンを理解しようとする人はどんどん少なくなっている気がする。行間がわからない人ほど毎日誰かを大声で断罪していないか？

考えてみよう。五郎を叱るのは正論である。奥さんに子どもたちを会わせてやれよという絶対正義。しかし、それが強すぎて五郎の心の弱いどうしようもない部分や葛藤は無視してしまっている。五郎だけではない。誰もがこういう矛盾した気持ちは持っていないか。自分が悪いというのはわかりつつ、でもこだわってしまうことだってあるはず。割り切れないモノ。そんな人間のめんどくさいところをこのシーンは描いていた。いまこそ観てよかったと痛感した。

先日は『千と千尋の神隠し』を映画館で観た。2001年の公開時も映画館で観ていたが、むしろ19年前の俺は映画館で何を観ていたんだ？と疑問を抱いてしまった。

当時の私は、『千と千尋の神隠し』の〝わけのわからなさ〟をなんだかよくわからないとストレートに向き合っていた。いまなら行間を味わえずクソリプする人みたいな感じだった。ストーリーに愚直にこだわりすぎて、もっと大切なものを楽しんでいなかったと気づいた。

今回も「あれ、いまのにはどんな意味が？」と思ってしまう場面もあったけど、「宮崎駿が楽しそうに描いているんだから、それを味わえばいいじゃないか」と思い直した。そう考えたらこっちも楽しくなったのだ。「なんだ、この発想は」「なんでこうなるんだよ」と各所で感心するやら笑うやら。私はようやく『千と千尋』を味わえるようになったのかもしれない。

現在は映画館だけでなくテレビ局も大変なのだろう。名作の再放送をよくやっている。先日はプロ野球中継が選手のコロナ感染で中止となってしまい、急遽『WBC決勝・日本vs韓国』（2009年）を再放送していた。ダイジェスト版ではなくリアルタイムの試合のように。私はテレビ局の楽屋で観ていたのだが、イチローが決勝ヒットを打った瞬間は仕事の準備を忘れそうになるくらい興奮した。そのあとダルビッシュ有が抑えることができるかドキドキしながら観た。言わば「再放送直撃」である。

さて、プロレスで言うなら再放送直撃するならなんだろう？　これだけで酒場で友人たちと話は尽きなさそう。

「名作」を紹介というなら初代タイガーマスクの試合はやはり大事か。でももう一度アントニオ猪木の名作も地上波テレビで観てみたい。先ほどの宮崎駿と同じように「なんだ、この発想は」「なんでこうなるんだよ」と新鮮に楽しめる自分に気づきたいのである。

WF
WF

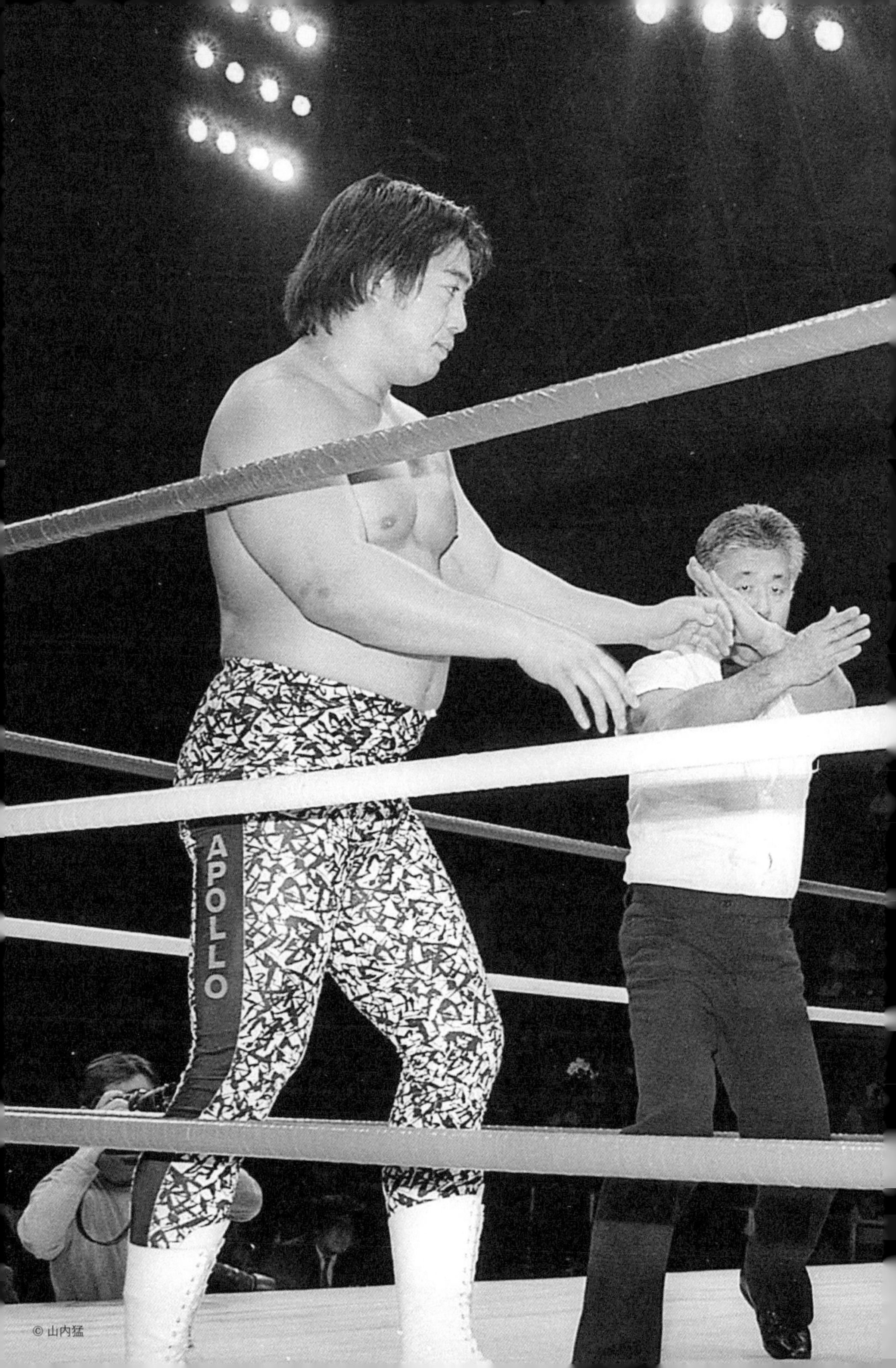
APOLLO

KAMINOGE APOLLO THEATER

国際プロレス、北尾光司のコーチ、鈴木みのる戦、
そしてザ・マミー。
そのすべてを熊本の地で語った‼

アポロ菅原

「田中社長とふたりきりのとき、『今度の試合（鈴木みのる戦）は楽しみにしてるからね』って言われたんだよ。田中社長はU系を真剣勝負だと思って見ていたし、彼らもそれを売りにしていた。俺はそれが許せなかったし、認めるわけにいかなかったんだ」

収録日：2020 年 7 月 25 日　試合写真：平工幸雄　撮影&聞き手：堀江ガンツ

「世間的な気づかいはできていた頃なので、『新日本か全日本がいい』なんて言えないじゃん（笑）」

——菅原さんのインタビューは、以前からずっとやりたいと思っていたんですけど、なかなか連絡先がわからなかったんですよ。
菅原　20年間プロレスとは関係ない、ほかの仕事をしてましたからね。
——それが今年になって、奥様がツイッターを始めて菅原さんの近況をつぶやいたことで、マスコミもファンも〝生存確認〟ができたという（笑）。
菅原　なんか「行方不明」みたいに言われてたみたいだけど、こっちは普通に千葉で暮らしてたんだけどね（笑）。まあ、いまは熊本に引っ越してきて、こないだは元『ゴング』の小佐野（景浩）くんに電話でインタビューを受けたんですよ。
——『Gスピリッツ』ですよね。あれは国際プロレスの話が中心だったので、ボクはそれ以降の全日本、新日本、SWSを先に聞いてしまおうということで、今回、熊本までうかがわせていただきました（笑）。
菅原　まあ、どこまでご期待に添えるかわかりませんけど。30分くらいしたら、馬力が入ってくるんじゃないですか？（笑）。
——お酒で口もなめらかになるんじゃないかと。期待しています！（笑）。菅原さんは国際プロレス出身ですけど、もともと新日本に入る話もあったんですよね？
菅原　19歳のとき、通っていた川崎のジムの関係者がボクがプロレス好きだと知って、「いま、猪木さんがレスラーを集めてるみたいだからプロレスをやってみないか？」って言われたんですよ。ちょうど新日本を立ち上げた頃だったんで。
——旗揚げ直後で選手が少ないから、新弟子をほしがっていたんですね。
菅原　でも当時のパンフレットなんかを見ると、みんな身長185センチとか190センチとか書いてあるからさ、それを鵜呑みにしていた。俺は実測で179ぐらいしかないから、「いやあ、みんな俺なんかよりデカイから無理ですよ～」って断っちゃったんだよ。もし、あのときに新日本に入っていたら、違うレスラー人生だったかもしれないけどね。
——きっと、「高校時代にアマレスで国体優勝した逸材」ってことになっていたと思いますよ。
菅原　まあ、国体はインターハイで勝てなかった強いヤツと別階級になったから優勝できたんだけどね。
——国体優勝ぐらいじゃ、プロレスラーとしてやっていける自信にはならなかったと。
菅原　だって俺が観ていたプロレスは、ベアハッグでドラム缶を潰しちゃうブルーノ・サンマルチノとか、廃車置場でクルマのドアを引きちぎるディック・ザ・ブルーザーとかがやるもんだと思っていたからさ。やれっこないよ（笑）。

——そういう逸話をすべて真に受けていたわけですね（笑）。

菅原　真に受けちゃったんだよ（笑）。『プロレス&ボクシング』から読んでたからね。あとでプロレス評論家の菊池孝さんに聞いたら「あれ、俺が書いてたんだよ」って言っててさ、おかしいと思ったんだよ。

——プロレス幻想が大きすぎて、新日本入りを躊躇しちゃったわけですもんね。それが6年後の25歳になって、国際に入った理由はなんだったんですか？

菅原　それまでテレビでしかプロレスを観たことがなかったんだけど、初めて生で観てみたんですよ。新日本、国際、全日本と3団体とも。そのとき、「トップは無理でも、下のほうだったら俺でも上がれるんじゃないか」と直感したんだよね。

——生で観ると、レスラーの実際の身長もわかりますし（笑）。

菅原　それで趣味でトレーニングは続けていたから、遠藤ジムの遠藤光男会長に相談してね。「どこでも紹介してやるぞ。どこがいい？」って聞かれたんだけど、会長は国際でレフェリーをされていたから「国際プロレスでやりたいです」って言ったら、「おう、わかった！」って。

——そこは遠藤会長が国際に関わっていたから、気をつかったんですか？

菅原　まあ、それはありますよね。遠藤会長が国際でやってるのに「新日本か全日本がいいんですけど」って言えないじゃん（笑）。世間的な気づかいはできていた頃なので。

——もう25歳で大人ですしね（笑）。

菅原　でもよかったですよ。入門テストも特になく、すぐに入れたんで。

——入門テスト免除だったんですか。

菅原　免除っていうかね、当時の国際は「仕事やりたいのか？　じゃあ今夜、突貫工事があるから来てくれ」みたいな感じだから（笑）。

——入門というより飯場に入るみたいな（笑）。

菅原　先輩も「おう、新しいのが来たな」って感じだったし。外国人レスラーも含めて、仲間として受け入れてくれて、そういう意味ではいい世界ですよ。プロレスっていうのは信用できない相手とはやれない。相手に身を委ねるのが大事なので。そういうことも入ってから気づかされましたね。


「新日本のほうもマイティ井上さんに来られるのは嫌だったと思う。ああいううまい選手が来たら自分とこの選手が潰れちゃうから」

——プロレスがどんなものかっていうのは、入ってから徐々

CHAMPION CARNIVAL
プラザホール
横浜文化体育館大会開催!!
4.13
熊本城ホール
8/2
EAST
WEST

CHAMPION CARNIVAL
プラザホール
横浜文化体育館大会開催!!
4.13
熊本城ホール
8/25

にわかっていくもんなんですか？

菅原　誰かに教わったりするまでもなく、すぐわかりました。「そうだよな。じゃなきゃ、やれるわけねえもんな」って。

――そのへんは団体のカラーの違いですね。当時の新日本は新弟子に対して「プロレスは真剣勝負だぞ」っていう教えだったみたいですけど、国際は大人の世界というか。

菅原　でも国際もガチンコの極め合いの練習はあったたし、みんな強かったですよ。スネーク奄美さんもアマレスの（国体とインターハイの）チャンピオンだし。鶴見（五郎）さんなんかもうまいし、強かった。みんな練習をガッチリやってたしね。だから国際もテレビ放送がもう少し続いてたらよかったんだけど。

――国際の最後のテレビレギュラー放送は土曜夜8時。『8時だョ！全員集合』『オレたちひょうきん族』がしのぎを削る最激戦区だから、さすがに厳しかったですよね（笑）。

菅原　そこに我々がどうやれば食い込めるんですかっていう（笑）。

――それで1981年3月で打ち切りになり、8月には団体が崩壊してしまうわけですよね。

菅原　だからテレビが打ち切られた時点で、どうなるかは我々もわかっていましたよ。ただ、辞める人はいなかった。辞めるカネもないから（笑）。

――辞めるカネもない（笑）。

菅原　巡業中に「カネがもらえないなら、もうついていけないせん！」なんて言ったところで、「あっ、そう」って言われて北海道の大平原に置いていかれるだけだから（笑）。

――とりあえず東京に戻るまで巡業についていくしかないという（笑）。最終興行はどうして、シリーズの途中の羅臼だったんですか？

菅原　やっぱり男でも女でも、失恋すれば北を目指すんですよ（笑）。

――それで最果てを目指しちゃったんですか（笑）。

菅原　これは菊池さんが書いてたけど、羅臼での試合前、（ラッシャー）木村さんと昼飯を食べに行ったらしいんだよね。そうしたら木村さんが、ご当地料理であるトド肉の定食を食べながら、ぼそっと「これがとどのつまりか……」って言ったらしいんだよ（笑）。

――そんな羅臼ギャグを（笑）。

菅原　菊池さんも「あれはよかったろ？」って言ってたけどね。まあ、そんな感じで終わりましたよ。

――国際が崩壊したあと、当初は新日本と全面対抗戦をするはずだったんですよね？

菅原　それは自分らは聞いてない。だからどうしようかと思ってて。鶴見さんが「カナダに行けば（ミスター・）ヒトさんがいるから行くか?」って言ってたんだけど、実際問題カナダに行くカネなんかねえんだから（笑）。そうしたら（マイティ）井上さんから「もしその気があるなら、馬場さんのところに行かないか?」って言ってもらえたので、もうふたつ返事で「お願いします!」って。そんな感じですよ。

——井上さんは新日本に行くのを嫌がってたんですよね。

菅原 新日本のほうも井上さんに来られるのは嫌だったんじゃないかな。だって井上さんは技がうまいし、ああいううまい選手が来たら、自分とこの選手が潰れちゃうからね。あれだけのセンスを持った人はそうはいないから。

——なるほど。菅原さんは全日本に行ってみてどうでしたか?

菅原 まあ、俺は負け役だよね。勝てないアポロだから（笑）。

——外様はつらい、というか（笑）。

菅原 その点で俺は越中（詩郎）選手を尊敬してるんだよ。彼はデビューしてから全日本ではずっと負け続けたでしょ。それでも腐らずに、あそこまでの選手になったわけだから。

——メキシコ遠征に行っても、三沢（光晴）さんだけタイガーマスクとして呼び戻されて、そこから越中さんは新日本で苦労して、あの地位を築いたわけですもんね。

菅原 普通はやれないよね。俺なんかも当時、ファンの人から「なんで百田兄弟に負けるんですか?」って言われても、そんなもんは知らないよって（笑）。

——それを俺に聞くなと（笑）。では、全日本はあまり居心地はよくなかった?

菅原 自分は合宿所に入らず、通いで道場に行ってたんですよ。いま思えばそれがよくなかった。小鹿さんからも「菅原、おまえはなんで合宿所に入らねえんだ?」って言われたんだけどね。

——〝全日本の若手〟として合宿所に入らなかったから、外様のままだったと。冬木（弘道）さんは若かったこともあって、合宿所入りしてましたもんね。だから国際出身だけど、〝全日本の若手〟として売り出されて。

菅原 彼はクレバーですよ。俺はそんなことはどうでもいいと思ってたから。

——でも当時の全日本は、三沢（光晴）、越中、ターザン後藤と、若手選手がけっこう揃っていて、試合自体はやりがいがあったんじゃないですか?

菅原 いや、俺はその人たちとほとんど組まれなかったんですよ。俺はベテラン選手相手の負け役みたいなものだったからさ。憶えてるのは、ルー・テーズ杯（1983年に開催された若手のリーグ戦）のときに横浜で三沢選手とやって15分一本勝負でドローだったんだけど、試合後に井上さんから「菅原、今日の試合はよかったぞ」って言ってもらえたことかな。それ以外では、三沢選手、越中選手と絡んだ試合は多くなかったと思う。おそらく絡ませたくなかったんだよ。身体の大きさも違うから、「なんでアイツが負けるんだ？」ってなるし。

「俺のことを単なる前座レスラーだと思ってるかもしれないけど、強いものは強いってのを教えておかないと」

――菅原さんのほうが身体が大きいのに負けると、不自然に見えてしまうと。

菅原　当時のブッカーは佐藤昭雄さんだから。そのへんは昭雄さんに聞いてください。

――昭雄さんは、三沢さん、越中さんを売り出していこうっていう考えがあったらしいですからね。

菅原　俺が昭雄さんに嫌われた理由は、「アイツは練習が終わったあと、魚肉ソーセージに大根おろしをかけて、ビールを飲んで、それを昼メシにしてたようなヤツだ」っていうのがあったんだよ。国際はカネがなかったから、そんなものしか食えなかったんだけど、その話がインパクトあったみたいで。

――そんな国際プロレス貧乏メシ差別があったんですか（笑）。

菅原　実際、それが俺の食事だったんだから仕方がない。で、国際はそのあとにマージャンが始まってね。

――それはもう全日本と国際の文化の違いじゃないですか（笑）。

菅原　まあ、俺はなかなかいい文化だと思ったんだけど。要は外様だったってことですよ。

――ウィキペディアには、菅原さんが食事の席で馬場さんに意見して嫌われたって書いてあるんですけど、あれは本当なんですか？

菅原　そんなのはウソ。そもそも一介の若手社員が大社長に口答えなんてできるわけないでしょ。

――まあ、そうですよね（笑）。

菅原　俺と高杉（正彦）さんが馬場さんと食事するとか、ありえない。まあ、そういう噂が流れてるってことは俺が目立ってたってことなのかもしれないと、いいように捉えてますよ。菅原伸義はそんなことで潰れませんから。誰がそんな噂を流しているのか、だいたい見当はつきますけどね。

――でも、そのあとカルガリー・ハリケーンズが全日本に来て、人員が増えすぎたことで菅原さん、高杉さん、剛竜馬さんが契約を切られたのは、やはり外様だったからなんですかね。

菅原　そんなのがあったんじゃないですか。もう、それは仕方がない。

――全日本を離れたあと、たけしプロレス軍団（ＴＰＧ）の若手のコーチになったのは、どういった経緯があったんですか？

菅原　あれは俺の知り合いが上田馬之助さんと仲がよくて、当時、上田さんが出演していたＴＢＳの『風雲たけし城』収録現場まで一緒に会いに行ったんですよ。そうしたら上田さんに「菅原、おまえいまヒマだろ？　ちょっと若いヤツらにプロレスを教えてやってくれないか」って言われて。それでやることになったんです。

——ビートたけしさんの番組に出ている関係で、上田さんがコーチをやるはずだったのを菅原さんに振ったわけですか。

菅原　そんな感じですよ。で、あのときは（候補者が）15人くらいいたのかな？　みんな素人ですよ。「コイツらを鍛えて新日本に出す」みたいなことを言われたんで、こっちは「えっ、そんな夢みたいなことを言ってるの？」って感じでね。だから最初に「プロレスラーになる、ならないは別として、プロレスラーなら最低でもこれぐらいはできなきゃいけないっていうことを教えるから、ちゃんとやれよ！」っていうことだけ言ったんだよね。

——それで国際や全日本と同じくらいのキツいことをやらせたわけですか。

菅原　あとは、ちゃんとわからせなきゃいけないってことで「もし、『プロレスは作りごとでたいしたことないんじゃないか』って感じてるんだったら、ちょっとやろう」って言って。アマレスの四つん這いのポジションになって「俺が相手してやるから来い！」って言ってね。

——スパーリングの相手をしたわけですか。

菅原　全員とね。「俺も軽く反撃するから、まいったらタップしろ」って言って。

——それで極めちゃったんですか？

菅原　ああ、全員ね。軽く。

——うわっ、カッコいいですね〜。

菅原　俺のことを単なる前座レスラーだと思ってるかもしれないけど、強いものは強いってのを教えておかないとよくないから。

「横綱（北尾）にプロレスを教えながら『もったいないな』と思ってましたよ。相撲を続けていたら凄い横綱になってたんじゃないかな」

——実力差をわからせないと弟子入りみたいな感じにはならないですもんね。それでどれぐらいの期間教えたんですか？

菅原　3カ月間くらいじゃなかったかな。

——でも結局、TPGは両国で大暴動を起こしたことですぐに終わってしまって、彼らは行き場所がなくなってしまったんですよね。

菅原　うん。テレビ朝日に『ビートたけしのスポーツ大将』っていう番組があって、そこでなんとか使い道がないかっていう話もあったんだけど、結局ダメだったね。

——菅原さんから見て、TPG練習生時代の邪道、外道、スペル・デルフィンの印象はどうだったんですか？

菅原　個別の記憶はないんだよ。俺はプロとしての最低限の練習をみんなに教えただけだから。その後の彼らの活躍っていうのは、彼ら自身の努力とイマジネーションの成果であって、俺なんかがそこに入る余地はないと思ってるしね。ただ、WARに邪道、外道が上がるとき、道場で練習していたら、阿修羅・原さんが「おまえら、どこでそれを教えてもらったんだ？」って聞いたみたいなんですよ。それで「アポロ菅原さんです」って答えたら、原さんがニヤッとして「そうか、菅原か」って言ったっていう話は人づてに聞きましたね。だから、しっかりやってたと思いますよ。

——当時、インディー出身は半分素人みたいに見られがちでしたよね。

菅原　それが彼らの練習を見て、「あっ、コイツらちゃんとしてるな」って原さんも思ったんでしょうね。

——その後、剛さん、高杉さんとパイオニア戦志というインディー団体を旗揚げするのは、どういう経緯があったんですか？

菅原　パイオニアをやる前、自分はプロレス界からちょっと離れて、セブンイレブンで配送の仕事をしていたんですよ。そのとき、剛さんから電話がかかってきて「菅原、プロレスやらねえか？」って言われて。自分で団体を立ち上げるって聞かされてね、「じゃあ、やりましょうか！」っていう形で、せっかくのセブンイレブンの安定した給料を捨てたっていう感じですね（笑）。

——でも、生活の安定を捨ててでもプロレスがやりたかったってことですよね？

菅原　そういうことでしょうね。だから剛さんには感謝してますよ。自分ではプロレスをやれる立場を作れなかったけど、そういう場を提供してくれたわけだから。

——いまでこそ、インディー団体なんて数え切れないほどありますけど、当時はあんな小さい団体が旗揚げされるって初めてのことでしたからね。

菅原　だから名前のとおり「パイオニア」なんですよ。いまは80いくつもプロモーションがあるんでしょ？　要は誰かが選手を集めて興行をやったら、それでもうプロモーションなんだから。その流れを作ったのがパイオニア戦志なんだよね。当時はまだ馬場さんの全日本、猪木さんの新日本、あとはUWFしかないなかで、俺と剛さんと高杉さん、そこに大仁田（厚）さんも参加してもらって、たった4人で始めたものですから。

——インディーの本当の先駆けですもんね。旗揚げ戦のメインが剛竜馬vs大仁田厚で。

菅原　あの旗揚げ戦で大仁田さんが味をしめたんじゃないか

げます

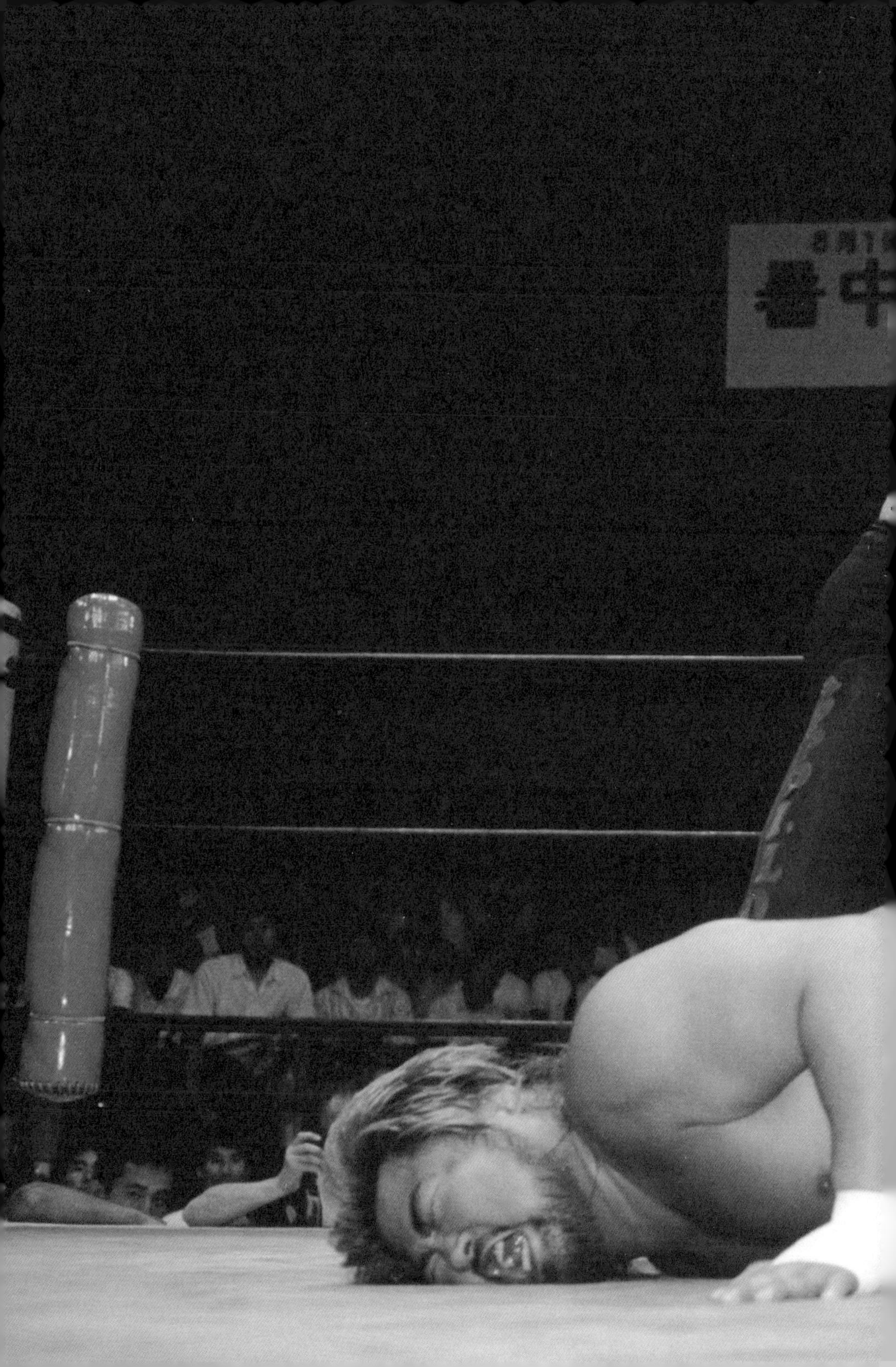

な。「あっ、これは俺にもやれるな」って。そのノウハウを活かして、FMWをあれだけ成功させたのはさすがですよ。まあ、だからパイオニア戦志は、いい意味でも悪い意味でも国際プロレスらしいというか。時代を先取りしたアイデアはあったんだけど、大きな成功までには至らないというね（笑）。

――そんなところまで国際らしさを受け継いでしまったという（笑）。その後、菅原さんがパイオニアを離れて、プロレスデビュー前の北尾（光司）さんのコーチになったのは、どんな理由があったんですか？

菅原　あれは遠藤会長から話が来たんですよ。横綱が相撲を辞めたあとに遠藤さんのジムに練習に行ってて、「なんとか冒険王」とか名乗ってたでしょ？

――スポーツ冒険家ですね（笑）。

菅原　ああ、そうそう。スポーツ冒険家（笑）。それでプロレスをやるってことになって、「誰か教えられるヤツはいないか？」ってなったときに「アイツが余ってるだろ」って感じで。上田さんから話を振られたときと一緒ですよ。

――当時は、フリーのレスラーっていうのもそんなにいませんでしたしね。北尾さんにはどんなことを教えたんですか？

菅原　横綱はあれだけの人なので、トレーニングに関してはあらためて教えることなんて何もないんですよ。でもプロレス式の関節技なんかは教えましたよね。「横綱にこんな技を仕掛けたって極められないんだけど、プロレスにはこういう関節技をやりながら、息を整えて休むことも必要だからさ。シングルマッチなんかをやったら時間をもたせなきゃいけないから、こういうのも覚えておいたほうがいいよ」って感じで言って。飲み込みはもの凄く早かったですよ。

――でも、格闘技だったら勝つための技術を教えればいいですけど、プロレスという特殊な世界を理解させるのは大変だったんじゃないですか？

菅原　いや、彼は凄くクレバーだったから、そのへんも理解してくれたと思うんですよ。だけど俺はプロレスを教えながら、「もったいないな」と思ってましたよね。彼が相撲を廃業せずにそのまま続けていたら、凄い横綱になってたんじゃないかなって。あれだけの素質を持った人はほかにいないよ。

「俺が横綱に言ったのは『新日本みたいな団体に入るよりも、自分で思いっきりやってみない？』っていうこと」

――素質の素晴らしさは誰もが言いますよね。菅原さんが教え始めた頃は、まだ新日本でデビューするっていうのは決まってなかったんですか？

菅原　裏で決まっていたかどうかはわかりませんけど、ボクは知りませんでした。そういった契約関係のことはアームズ（北尾が所属していた芸能事務所）の富岡（信夫）さんという方がされていましたから。ただ、横綱を連れてバージニア州のノーフォークとミネアポリスの2回、アメリカに練習に行ったんですけど、ミネアポリスには坂口（征二）さんがいらっしゃってたんで「ああ、新日本か」ってわかった感じですね。

——なるほど。

菅原　新日本からカネが出てるかどうかは別として、新日本が絡んでるんだなっていうのはわかったんですよ。

——最初に行ったノーフォークは、ルー・テーズ道場ですか？

菅原　そうそう。ルー・テーズと師範代のマーク・フレミングに教えてもらって。俺は馬場さんのところにいたとき、ルー・テーズとやったことがあるんですよ。エキシビジョンマッチが3試合組まれて、その相手を務めたのが俺と越中選手だったんです。

——それは貴重な経験ですね。

菅原　調べてみたらわかるけど、俺と越中選手が3試合ずつ相手をして、最初が俺だったんですよ。試合後、佐藤昭雄さんに「菅原、ナーバスになってたな」って言われたんだけど、そりゃあシナリオがあったとしてもナーバスになりますよって。相手はルー・テーズですよ？（笑）。

——プロレス界の国賓みたいな人ですもんね（笑）。

菅原　毎回5分くらいやって、最後はバックドロップを受けて終わりになるんですけど、舞台で台本を間違えたらいけないっていうのと一緒で、もう必死でしたよ。1回相手をするだけかと思ったら、結局3回やったからね。だから横綱を連れてノーフォークに行ったとき、ルー・テーズに「あのとき、なんでボクを相手に選んだんですか？」って聞いたら、一言「グッジョブ！」って。

——つまり、「おまえがいい仕事をしたからだ」と。

菅原　グッジョブってことは、簡単に言えば「おまえはやりやすい」ってことですよ。

——それは凄い褒め言葉ですよね。

菅原　鉄人と言われたルー・テーズと知り合えてね。だって俺がサインをもらったレスラーは、後にも先にもルー・テーズだけだからね（笑）。

——そうだったんですか。

菅原　馬場さんにだって「サインください」なんて言ったことはないよ。まあ、実家の近所に配らなきゃいけないってことで、色紙を5枚くらい持って行って「社長、すみません！　5枚だけお願いできますか」って書いてもらったことはあったけど。自分がほしくてサインをもらったのは、ルー・テーズだけだから。

——北尾さんをルー・テーズ道場に連れて行くっていうのは、

どなたが決められたんですか？
菅原　おそらく新日本だったんじゃないですか。やっぱり横綱のプロレスデビューを盛り上げていくために、画を作りたかったんだと思いますよ。ボクもそれに乗せられて、プロレス雑誌に「北尾日記」とか書きましたけどね。つたない文章で。
――その後、菅原さん自身も新日本のリングに上がるようになりますけど、あれは北尾さんが新日本でデビューするから、そのコーチとしてついてる菅原さんも一緒にってことだったんですか？
菅原　ミネアポリスにいたとき、坂口さんとマサ斎藤さん、それと横綱、自分の4人で食事をすることがあったんですよ。そのとき、坂口さんから「行くところがなかったら来いよ」って言われて、新日本に上がることになりましたね。だからそれは俺の実力を認めたからというのじゃなくて、「北尾が制御できなくなったら頼むぞ」っていう感じのお目付け役みたいなものかなって受け取りましたけどね。
――それはある意味で責任重大ですね（笑）。
菅原　それがなかったら、俺は最初からメガネ（ＳＷＳ）に行ってた可能性もあったんですよ。
――そうなんですか!?
菅原　横綱と一緒にアトランタに行って、ボディビル世界チャンピオンがやってる『アニマルキングダム』っていうジムでトレーニングしていたとき、（将軍ＫＹ）ワカマツさんもアトランタに来ていて、スカウト活動みたいなのをしてたんですよ。
――ああ！　ＷＣＷに参戦していた武藤（敬司）さんをワカマツさんがスカウトに来ていたときですね。
菅原　いま思えばそうなんだけど、当時は「そのカネは誰が出してるんだ？」と思って。モヤモヤはありましたよ。
――何かが動き始めてるぞと。では、ＳＷＳ設立の動きも早い段階からある程度はつかんでいたんですね。
菅原　それで横綱とアメリカを離れることになる頃、ファミリーレストランに行ってチキンウイングをかじりながら、「横綱、これからどうする？」って話したことがあったんですよ。俺が言ったのは「新日本みたいな団体に入るよりも、自分で思いっきりやってみない？」「横綱の名前があれば、大きなところでやってもそれなりに客が入ると思うよ」と。つまり「いずれは化けの皮が剥がれるわけだから、その前にカネを取ってしまおう。そのあとのことはやったあとに考えればいい。俺はできると思うよ」っていうことを言ったんだよね。
――元・横綱のプロレスデビューという、いちばんバリューが高いときに自主興行で稼いでしまおうと。
菅原　そうしたら横綱が「いや、菅原さん、選手が集まりますかね？」って言ったんだけど、「横綱、絶対に大丈夫。この世界はカネに対して嗅覚が凄いヤツはいっぱいいるから。横綱がやるってなれば絶対に出てくるから大丈夫だよ」って。まあ、それは叶わなかったけど、そんなに悪いアイデアではなかったってことだよね。だって「元横綱・北尾光司」という目玉商品を持ってるんだもん。それを何も新日本に渡す必要はないわけで。

——自分がトップになって、あとは相手を連れてくればいいと。

菅原　新日本でデビューしたところでさ、じゃあ、藤波さんや長州さんとどっちが上なんだってことになっちゃうわけじゃないですか。簡単に言えばね。世間的な知名度や商品価値では、あきらかに横綱のほうが上なのに、団体に入ると横綱のほうが下になっちゃうんだよ。それが馬場さんや猪木さんという、本当のトップの下だったら仕方がないって思うけど、横綱がほかのレスラーよりも下になる必要はない。そこを横綱本人がどう考えるかだけなんですよ。だから俺は言いましたよ、「この世界でやるんだったら、自分が頭にならなきゃダメだよ」ってね。

「横綱と長州さんの件は、簡単に言えば『あの野郎、俺とリングでガチンコをやってみろ！』ってことですよ」

——結局、新日本ではデビュー半年も経たずに現場監督の長州さんと揉めて、出ていくことになりましたしね。

菅原　青森の八戸の選手バスで揉めてね。

——あれはどんな状況だったんですか？

菅原　横綱がケガをして試合が休みだったんで、練習着を持たずにバスに乗ってきたんですよ。そうしたらいちばん前の席に乗っていた長州さんが「おまえ、なんで練習着も持たずに来たんだ？」って言って、横綱が「いや、今日は挨拶だけですから」って答えたら、「おまえ、挨拶だけだって言ったってその前の練習は必要だろ！」ってなって。そこで横綱が納得いかない顔をしたら「もう来るな！」ってなったんです。

——練習着も持たずに来るヤツはバスに乗る権利はないと。

菅原　そうしたら横綱も「なに、この野郎！」って感じになっちゃって、自分や越中さん、ミスター高橋さんが止めに入ったんだけど……。

——そこで長州さんに、北尾さんが民族差別的なことを言ったんですよね？

菅原　だいたいそんなものですよ。それでホテルの部屋に入ったら、横綱はソファーを蹴り上げてましたよ。「あの野郎！」って。簡単に言えば「あの野郎、俺とリングでガチンコをやってみろ！」ってことですよ。

——それは……。俺に実力で勝ったわけじゃないのに指図をするなと。

菅原　そこだと思うんですよ。まあ、長州さんのほうが歳は上で立場もありますから、「このガキ！」って感じですよ。

――プロレスの世界では、長州さんはメインイベンター兼マッチメーカーで、北尾さんは新人レスラーですからね。

菅原　でも横綱からすると、「ガチンコで俺とやってみるか？」って感じですよ。それでバスを降りたあとに仲を取り持とうと橋本（真也）選手が呼びに来たんだけど、戻らなかった。俺が横綱に言ったのは「気に食わなかったから（アームズ代表の）富岡さんに連絡をして、明日にでも帰ればいい。あとでなんとかなるから。今日は少し飲んで寝ろ」って、それで終わりですよ。

――でもプロレスの世界だと、ブッカーにそういう態度を取ってしまったら、もう仕事はないですよね。

菅原　だから、なかったら自分で作ればいいでしょ。

――そういうことですか。自分で興行をやればいいと。

菅原　ただ、横綱をあそこでクビにするんじゃなくて、長州vs北尾のシングルマッチを組んでたら凄かったと思うよ。

――本物の因縁の一戦なわけですからね。

菅原　東京ドームが超満員だよ。どうしてあれをストーリーにできなかったんだろうなって。

――まあ、あれを許したらまわりに示しがつかないってことだったんでしょうけどね。最終的にはＵＷＦインターがおいしいところを持っていきましたけど。

菅原　あんなキックで倒れちゃってね（笑）。あれも無理があるよね。まあ、髙田（延彦）選手には申し訳ないけどさ。

――長州さんと北尾さんが揉める前、予兆みたいなものはあったんですか？

菅原　ないと思いますよ。でも、それは俺が感じなかっただけだから、わからない。長州さんに聞いてください。やっぱり自分よりも上の人が来たから気に食わないっていうのがあったかもしれないし。あの人の性格だったらね。

――「自分より上」っていうのは、強さがってことですか？

菅原　自分のほうが強いと思うなら、ガチでやればよかったんだよ。でも簡単にボチャっと潰れるよ。問題にならないって。技どうこうじゃなくてね。横綱がプロレスラーで唯一意識していたのは前田日明選手だから。

――それは前田さんと自分のどっちが強いのかってことですか？

菅原　当時、前田選手がいちばん強いって言われてたでしょ？だから新日本でデビューする前年の8月だったと思うけど、アメリカで一緒に飲んでるときに横綱が「菅原さん、前田ってどうなんですかね？」って聞いてきたから。

――北尾さんはＵＷＦの長野大会かなんかにも観戦に来てましたよね。

キリンラガー

菅原　俺はこう言ったんだよ。「横綱、ハッキリ言うよ。俺はどうしたって横綱には太刀打ちできない。だけど前田にだったら太刀打ちできる価値がある。負けるかもしれないけど、勝つ可能性もかなりある」ってね。それで横綱が日本に帰って来たときに「前田、ドンと来い！」ってデイリースポーツかな、記事が出てたと思うんだけど。そういうことなんですよ。だから横綱もどっちが強いのかなって意識してたと思うんだよね。

——でも、そう考えると北尾さんの「ガチだったら負けない」っていう気持ちが、プロレス界でいろんな問題を引き起こしてしまった原因である気がしますね。

菅原　だって実際強いんだから。リングの中でパンチ、キック、なんでもいいよ。北尾に勝てるヤツは誰もいませんよ。パンチといってもマイク・タイソンのパンチじゃないんだから。プロレスラーのパンチやキックで横綱に勝てるわけがない。ミネアポリスにいたとき、横綱が『週刊プロレス』に載っていた船木（誠勝）選手のインタビューを読んで、怒ってたことがあるんだよ。あのとき、船木選手が「小錦の張り手を食らったことがないからその強さがわからない」みたいな生意気なことを言ってたんだよね。

——掌底と張り手の比較みたいな話ですかね？

菅原　それに対して横綱が「バカ野郎！」って怒ってたよ。2階で雑誌を読んでいた横綱が「菅原さーん！」って言いながら血相を変えて階段を降りてきて。「こんなことが書いてありますよ！　小錦の掌底を食らってみろ、この野郎！　バカなことを言って、はっ倒すぞ！」って言って。

——それが横綱のプライドなんでしょうね。

菅原　べつに船木選手に対して何も含むものはないけど、作られた世界とは違うっていうことだよね。

「SWSでは横綱もフリーになってくれると思ってたの。だから『なんだよ、横綱……』っていう思いはありましたよ」

——結局、北尾さんは長州さんと揉めた一件が原因で新日本との契約が解除になるわけですけど。〝お目付役〟だった菅原さんにもその余波はありました？

菅原　ああ、それはありましたよ。

——北尾さんとセットで新日本に来たので、北尾さんがいなくなると立場がないというか。

菅原　そういうのもあったでしょうね。調べてもらったらわかるけど、新日本の千葉公園体育館大会があったんですよ。それで千葉は自分の地元だからチケットもそれなりに捌いたんですけど、当日、取り組みから外されて試合がなかったんですよ。

――えーっ!?　ご当地興行でありながらカードが組まれなかったわけですか。

菅原　それで俺がセコンドにつくと、リングサイドには俺がチケットを売った社長たちがいるわけだよ。「菅原、おまえ体調悪いのか?」って聞かれて返答に困りましたよね。「ああ、新日本ってこういうことをするんだ」って。そこから自分のなかでは「もういいや!」って感じですよ。そこで自分から頭を下げて「これからも使ってください」って言うタイプじゃないですからね。

――要はクビにはしないけれど、自分から新日本を離れるように仕向けるためにカードから外したわけですよね。

菅原　いや、知りません。私の実力がないだけなんですよ(笑)。あんな陰湿なことをしないで、てめえが直接、俺に言えばいいじゃん。「いらねえから」って。そういうガッツもねえくせにさ。……堀江さん、ここだけ大きく書かないでよ(笑)。

――なぜか太字になってたりして(笑)。

菅原　新日本での居心地はよかったですよ。フォローになってないかもしれないけど。試合も練習もスポーツライクでね、ちゃんこもおいしかったし。お金がもらえて、ガッチリ練習ができて、練習後はおいしいちゃんこも食えるんだから、その点で文句はないですよ。

――国際とだいぶ違うなと(笑)。

菅原　国際とは全然違うし、馬場さんのところともまったく違うからね。でも自分があそこでわらじを脱いだのはたった半年ですよ。自分から辞めたくて辞めたわけじゃない。

――ＳＷＳ入りが決まってから、新日本を辞めたわけじゃないんですね。

菅原　全然。だってその時点で俺はメガネと交渉してないから。その後、横綱と会ってね、「いやー、横綱。俺も新日本をクビになったよ。メガネでなんとかならないかねえ?」って聞いたら、横綱が天龍(源一郎)さんに話してくれたんでしょうね。それで「ああ、菅原だったらいいんじゃないの」っていうことで入ったんです。だから23番目の男なんですよ。

――ＳＷＳと契約したのが23番目だったと。

菅原　23番目じゃ、もうポジションもないし、意見を言える立場でもなかったけどね。

――菅原さんは、ＳＷＳではワカマツさんが道場主の「道場・檄」に入ったんでしたっけ?

菅原　いや、俺は新倉(史祐)選手と一緒で、どこの部屋にも入らないフリーだったんですよ。

――フリーっていう立場もあったんですね。

菅原　俺はあのとき、横綱もフリーになってくれると思ってたの。フリーの３人が集まれば６メンだって組めるし。横綱を主役にして、俺と新倉選手でうまくサポートしてね。

——たしかにそのほうが北尾さんが活きたかもしれないですね。
菅原　あなたはそれを30年前に書かなきゃダメなのよ！（笑）。
——いや、ボクは当時高校生ですから（笑）。
菅原　そんなに若かったのかよ（笑）。
——でもレボリューションに入ってしまったら、天龍さんの上にはいけませんもんね。
菅原　ナンバー2どころか、天龍、カブキ、石川（孝志）の次の4番手くらいになってるんだから。あれはもったいなかったし、面と向かっては言わなかったけど、「なんだよ、横綱……」っていう思いはありましたよ。
——長州さんと揉めて新日本をクビになった北尾光司が、ヒールとしてSWSに乗り込んできて、天龍さんが迎え撃ったほうが盛り上がったでしょうね。
菅原　絶対に盛り上がったと思うよ。天龍&カブキ&石川と北尾&アポロ&新倉で6メンやってさ。半年ぐらい抗争を続けて、満を持して天龍vs北尾のシングルマッチをやって、天龍さんが勝ってヒーローになればいいわけさ。
——髙田さんが北尾さんをKOして、ヒーローになったように。
菅原　そう。1回目は北尾が勝ってもいいし、何回やったっていいんだから。SWSの目玉にできたんだよ。それをみすみす逃して、Uインターに持っていかれてさ。北尾と天龍さんがトップ同士として闘う、そういう画が俺の頭の中にはあったんだけど、横綱に「こっちに来いよ」と言うわけにもいかないし。彼がレボリューションを選ぶとなったとき、「ちょっと勉強します」っていう感じだったんだよね。俺は「勉強なんかいらねえんだよ。やるしかねえんだよ」って思ったけど、「そうか、わかった」って言うしかなかったよね。あれで北尾が自分らと一緒にやってたらまったく違ってたと思うよ。

「横綱を張った男が幕下の男（ジョン・テンタ）に2連敗はないだろうって。それで蓋を開けてみたらあの騒動だよ」

——たしかに天龍さんの下につく北尾と、敵として傍若無人に暴れまわる北尾とでは、イメージ的にも全然違いますよね。
菅原　なんでそれが天龍さんやカブキさんにはわからなかったのかなって。だいたい天龍さんと対抗するのに、パラエストラとか道場・檄はいらねえんだよ。SWSのトップは誰がどう見ても天龍さんなんだから、その天龍さんに勝つかもしれない対抗馬が必要。それはジョージ高野や谷津嘉章じゃ務まらない。北尾なんだよ！
——大エースの敵にふさわしいビッグヒールは北尾しかいないと。
菅原　それをなんで自分の下の置いておくのか。天龍さんのところには冬木選手もいるし、北原（光騎）選手もいるし、駒は揃ってるんだから、子分はもういらないんだよ。

——天龍&冬木&北原vs北尾&菅原&新倉っていうカードもいいですね（笑）。

菅原　最後はお決まりの天龍さんがアポロ菅原をフォール、それでいいんですよ！（笑）。でもパラエストラや道場・櫛ではその画が描けない。本当に横綱はもったいなかったと思うよ。

——そうこうしているうちに、1991年の4・1神戸のジョン・テンタ戦が不穏試合になってしまうわけですよね。あのとき、事前におかしな空気はあったんですか？

菅原　その前に（3・30）東京ドームで横綱がテンタに負けて、その日の夜だったと思うんだけど、横綱から電話がきて「菅原さん、どうしようか」って言うんだよ。聞いたら「俺は神戸に行っても負けるかもしれない」って。

——2連敗しそうな空気を感じ取ってしまったと。

菅原　それで俺は言ったの。「次は横綱が勝つと思うけど、もしそういうふうに考えているのであれば（神戸に）行かなくてもいいんじゃない？　ケガってことにしてさ。あとは俺にまかせてよ。来なければ来ないで俺が帳尻を合わせてやるから」って。

——じゃあ、北尾さんが神戸の試合を欠場する可能性もあったということですか。

菅原　そう。でも来たんだよね。だから問題ないのかと思ったんだけど、蓋を開けてみたらあの騒動だよ。で、その日に俺も騒動を起こしたんだけどね。

——よく存じ上げております（笑）。

菅原　横綱に関してはそういうことなんだよ。いくらなんでも2連敗はないだろうって。だって横綱を張った男と幕下の男だよ？　せめて1勝1敗だけど、そもそも東京ドームで負けること自体、横綱にとっては屈辱以外の何物でもないんだから。

——カブキさんは「テンタはホーガンのライバルでWWFのトップグループ。北尾は若いから、これから上がっていくストーリーなんだよ」って言っていたようですけど。

菅原　これから上がっていくって、あのときに横綱を上げないでいつ上げるんだよ！　本来、横綱の強さをセールスしなきゃいけない時期なのにそれを潰したじゃん。とんでもないバカ野郎だよ。「アポロがカブキさんのことを『バカ野郎だ』と言ってた」ってカブキさんに言ってもいいよ。本当にそうなんだから。

——あれはマッチメイクの問題だと。

菅原　カブキさんは俺が鈴木みのる選手とやったあと、「おまえはプロじゃない！」って言っていたみたいだけど、「何を言ってるんだ！」って。俺は「カブキさん、あなたの指示に1回でも逆らったことがありますか？」って言ったんだよ。俺は逆らったことがないよ。「おう菅原、頼むぞ」って言われたことを、それまで俺は全部やったよ。ちゃんと仕事してきたんだから。

――カブキさんのマッチメイクに背いたことがない菅原さんが、鈴木みのる戦ではどうしてああいう試合をしたんですか？

菅原　取り組み自体はそれでいいと思うんだよ。ただ、試合の数日前に田中（八郎）社長が新横浜の道場に来たとき、たまたまふたりきりになってね。そのとき、「菅原さん、今度の試合は楽しみにしてるからね」って言われたんだよ。

――UWFみたいな試合が好きだった田中社長から、SWS対藤原組として、アポロvsみのるを楽しみにしてますよと。

菅原　それで俺は「いや、社長。難しい試合になると思いますよ」って言ったんだよ。社長は「なんで？　自分の実力を出して勝てばいいじゃないか」って言うから「そうですね」としか返せなかったけど。ハッキリ言ってしまえば、田中社長は俺と鈴木選手の試合を真剣勝負だと思ってるわけだよ。

――田中社長は、プロレスがどういうものかを知らなかったと言われてますもんね。

菅原　俺はもっと前から、天龍さんやワカマツさんには言ってたんだよ。「田中社長と奥さんにはプロレスの事情をちゃんと説明したほうがいいですよ。そうじゃないとあとで揉めるから」って。だけどできなかった。きちんと「こういう世界です」って説明すれば、あの方だったら「そうか、わかった。じゃあ、こういう形に持っていけばいいかな」ってなったはずなんだよ。

――ビジネスに頭を切り替えてくれるってことですね。

菅原　俺はそう思ったんだけど、頑なにワカマツさんも天龍さんも動かなかったね。田中社長は素晴らしい企業人なんだから、ちゃんと説明してわかってもらえたら、ビジネスの幅が広がったと思うよ。

――SWSはWWFとも提携していたわけですからね。

菅原　何回かそれを言うチャンスは俺もあったんだけど、俺が田中社長にそれを言うわけにはいかないもんな。いまなんか特にケーフェイが表に出ちゃってるんだから、だったらもう隠すことなく出して。そのうえでしっかりトレーニングして、いい試合を見せたらいいじゃん。『水戸黄門』みたいな世界だけど、印籠が効かないときもあるっていうのがプロレスなんだから。

「自分たちが真剣勝負で強いって言うなら、それだけのパフォーマンスを見せて本当に強くなってくれと」

――で、鈴木みのる選手との試合についてなんですが。

菅原　そんな試合あったっけ？（笑）。

——ありましたね（笑）。鈴木戦はどうしてああいう不穏試合になったんですか？

菅原　彼ら（藤原組）は既存のプロレスとは交わらないようにしていたし、自分のやりたいことしかやらない。こちらと試合が組まれても、プロレスとして成立しないわけだから。じゃあ、どうするかってことでしょ？　だったらコレ（シュート）でやればいいじゃん。だけど、それをカブキさんが止めたんだよ。

——そうだったんですか？

菅原　「俺はコレでやるから。1分か2分で極めてやるよ」って言ったら、「いや、それはダメだ！」って感じでね。そのへんはテンタとやった横綱と同じ気持ち。「あんなデビュー2年くらいの小僧っ子に負けるなんて冗談じゃねえ」って。だからそのときにカブキさん……いや、もうカブキでいいよ。カブキに言ったことは一言だよ。「カブキさん、それはできないよ」ってね。「なんで？」って言うから「彼らは『真剣勝負だ』ってずっと言ってるんだよ」って。

——まあ、自分たちから「真剣勝負でやっています」とは言ってませんでしたけど、U系はそういうイメージではありましたね。

菅原　実際はターザン山本が言っていたことなのかもしれないけど、彼らはそれを売りにしていたし、田中社長はU系を真剣勝負だと思って見てるわけ。俺はそれが許せなかった。

——「U系はほかのプロレスと違って真剣勝負をやっている」という〝イメージ〟をそのまま享受していることが許せなかったと。

菅原　そういうことです。だから俺がもし鈴木選手に負けたら、田中社長は「菅原は真剣勝負で弱いんだな」って絶対に思うはず。俺はそれだけは認めるわけにいかなかったんだよ。

——通常のプロレスの試合だったらともかく。

菅原　だってね、俺は自分の与えられた役目を断ったことはないよ。ルー・テーズ杯のリーグ戦で越中に勝って、三沢と引き分けて、あと1回勝てば決勝進出というときに、百田光雄に負ける男なんだから（笑）。

——最後に足をすくわれて、決勝は越中vs三沢という、あれですね（笑）。

菅原　そういう試合で負けたって、俺は屁とも思ってない。だけど田中社長の前で負けて「菅原って弱いんだな」って思われるのだけは絶対に飲めなかった。だからコレでやってやると。コレでやって負けたら本望だよ。その腹を俺は持ってる。だけど95パーセント負けるつもりはなかったけどね。当時、俺は108キロで彼とは20キロぐらい差があったし、体格から何から違うんだから。

——では、カブキさんには「ダメだ」と言われたけれど、実際の試合では菅原さんが仕掛けたわけですか。

菅原　そう捉えてもらってけっこう。向こうは「手四つから指を折りにきた」とか言ってるけど、真剣勝負なら指を折られることもあるだろうって。「そこに文句を言うなら、作りごとの世界でやってたってことだろう！」って言いたかったよ。自分たちが真剣勝負で強いって言うなら、それだけのパフォーマンスを見せて本当に強くなってくれと。俺が気に食わないならやればいいじゃん。こっちはきてくれたほうがうれしいよ。

——仕掛けてきた菅原さんに対して、鈴木選手は距離を取って打撃で対抗してきたじゃないですか。菅原さんはそこも納得いかなかったんですか？

菅原　もう「なにやってるの？」って感じでね。ガチンコで極めてくるかと思ったら打撃ばっかりだから。頭の中では「どうすればいいかな……」って思ってたよ。

——業を煮やした菅原さんが突進してコーナーで揉み合いになったとき、頭突きとサミングを入れてましたよね？

菅原　サミングとか知らないけど、「なんだもう、うざってえ野郎だな！」ってね。

——たとえば菅原さんの考えの中には、「ガチンコだったら頭突きもサミングもあるだろう」っていう意識があるわけですか？

菅原　何が来たって大丈夫だよ。金玉を蹴ろうとしたって俺は大丈夫。だけどあのときはそういう感じじゃなかった。鈴木選手も「ガチンコであんな年寄りに負けっこない」と思っていただろうけど、その標的をアポロ菅原にしたのがビッグミステイクだよ。あれがほかのヤツだったらわかんないよ？　新倉みたいにさ、船木に負けたりするんだから。

——新倉さんは神戸大会の3週間後にあった新潟大会で、船木さんとシングルでやって負けてるんですよね。

菅原　俺は新倉に言ったんだから。「おまえ、あんな若造に負けていいの？　アイツよりも弱いと思ってるの？」って。そうしたらなんか最近、どっかに載ったインタビューで新倉が俺のことを「弱い」って言ってたらしいじゃない。バカ野郎！　おまえが俺とやって勝てるのかって。はっ倒すぞ、この野郎！　これも載せたっていいよ。

「プロレスはかならずしも強い者が勝つ世界じゃない。でも、そこで『バカバカしい』と思ったら終わりなんだよ」

——でも菅原さんは普段は前座試合で負けたりしていても、「いざとなったらやってやるぞ」っていう昔気質の気構えを持っていたってことですね。もともと藤原（喜明）さんが持っていたマインドに近いというか。

菅原　また、うまいこと言って（笑）。

──「メインイベンターはほかのヤツに譲ってやるけど、そういうときになったら俺は譲らないぞ」っていう。

菅原　来た者に対しては「やるぞ」っていう気持ちがなきゃダメよ。結果負けたってそれはそれだよ。ただ、そのマインドを示すっていうのが大事なんだよ。藤原さんだって新日本の前座時代、そういう気持ちでやっていたと思うしね。

──鈴木選手もキャリア3年足らずで、ああいう修羅場を経験できたのは、いい経験になっていると思いますけどね。

菅原　それだったらいいと思いますよ。今回は、堀江さんがわざわざ熊本まで来てくれたから話しましたけど、今後、自分が鈴木選手のことを語ることはたぶんないと思います。30年近く前の話だし、彼はいまも現役でちゃんと仕事をしているわけだから。あの頃といまじゃ、プロレスに対する考え方もまったく違うだろうしね。俺自身は神戸であういう試合をしたけど、いまはたまにテレビで鈴木選手の試合を観ても「おう、がんばってるじゃん」っていう感じだけだから。

──それにしてもSWSは、あらためて油断ならない団体だったなと思いますよ。いつ、一線を超えるかわからない緊張感があったわけですからね。

菅原　統率されていなかったからね。みんな相手を信用できなかったんだよ。

──そんななかで、自分の身は自分で守るしかないという。

菅原　レスラーは基本的に強くなければいけないと思ってるから。俺も大概のレスラーであれば「はっ倒してやるぞ！」っていう気持ちがあったから。だからアポロ菅原っていうのはたぶん怖い男だと思うよ。「おう、やってみろよ、この野郎！」って感じで、喧嘩を売られたら引っ込む男じゃないから。そのために自分を鍛えてたっていうところがあるからね。

──そんな菅原さんはSWSが崩壊したあと、NOWを経ていろんなインディー団体に上がるようになりましたよね。

菅原　いろんなところに出てたよ。

──アポロ菅原としてだけじゃなく、マスクも被ってましたよね？

菅原　ああ、被ってたよ。ザ・マミーとかね。

──あっ、やっぱりマミーは菅原さんだったんですね（笑）。

菅原　べつにたいしたこだわりはないよ。猪木さんだって海賊男をやられてたでしょ？

──そうですね。フロリダに現れて武藤さんを襲った最初の海賊男は猪木さんですもんね（笑）。で、これはちょっと聞きづらいんですけど、1996年（6・30）に横浜アリーナで行われた『第1回メモリアル力道山』で、鶴見さんとの試合中に倒れて担架で運ばれたマミーも菅原さんですか？

菅原　うん、俺だよ（あっさり）。あのマスクはとにかく視界が悪くてさ。いつもマミーをやるときは先導してくれる人がいるんだけど、あのときはひとりもいなかったんだよ。しかも入場するときに場内が暗くなるから、歩いて入場するのも嫌だった。

——見えないわけですもんね（笑）。

菅原　それでリングに上がって試合をして。コーナーからマットの距離とかもよくわからなかったんだけど、「たぶんこのへんだろ」と思って、ダイビングヘッドバットで飛んだんだよ。そうしたら目測を誤って、頭を打ってしまった。それだけのことで俺はなんとも思ってないよ。あのときはたまたまああいうふうになったというだけの話で。

——ただ、あの試合を観た長州さんが「あんなもん、プロレスじゃない！」って発言して。それがきっかけで新日本対インディーみたいな流れになったじゃないですか。あの長州さんの発言はどう思っていましたか？

菅原　知らねえな。「よーし、わかった。だったらやってやろうじゃねえか！」ってだけだよ。

——長州vsザ・マミーは観たかったですね（笑）。

菅原　ガチンコでやったっていいよ（笑）。

——長州vsマミーのセメントマッチ！（笑）。

菅原　頭にきたマミーの動きが凄くよくなったりしてな。

——ザ・マミーがじつはシューターって、夢があるなあ（笑）。

菅原　昔、よく言われたんですよ。「菅原、バカ負けするなよ」って。要はプロレスはかならずしも強い者が勝つ世界じゃない。でも、そこで「バカバカしい」と思ったら終わりなんだよ。俺はプロレスを飲み込んでるし、プロレスはいいかげんだけど奥が深いものだと思っている。俺はいまのプロレスはよくわからないけど、大事なのは人と会ったとき、胸を張って「俺はプロレスラーの○○です」って挨拶できるかどうかだよ。「八百長でしょ？」って言われるような職業だけど、厳しい練習をして「俺は強いんだ」っていう自信があれば、そんなことは関係ない。堂々と「プロレスとはこういうもんだ」と言えるし、プロレスラーを名乗れる。俺は「アポロ菅原は前座レスラーかもしれないけど、弱いとはかぎらねえぞ」って思ってるからね（笑）。

アポロ菅原（あぽろ・すがわら）
1954年2月10日生まれ、秋田県男鹿市出身。本名・菅原伸義。プロレスラー。
高校時代にレスリングで国体優勝、インターハイ準優勝の好成績をおさめ、1979年5月に国際プロレス入門。同年9月17日、高杉正彦戦にてデビュー。国際の倒産により1981年に全日本プロレス所属となり、1984年9月にはキム・コリアのリングネームで西ドイツのハノーバーに遠征。帰国後の同年12月に国際血盟軍のメンバーとなり、リングネームを本名から「アポロ菅原」に改名する。1986年3月に全日本を解雇となったのち、たけしプロレス軍団のコーチを務める。1988年には剛竜馬・高杉正彦と共にパイオニア戦志の旗揚げメンバーに名を連ねるが、旗揚げ戦のみで離脱。1990年にSWSに移籍。SWS崩壊後は、NOW、東京プロレスなどを渡り歩いた。

バッファロー吾郎Aの
きむコロ列伝!!

Buffalo GoroA

第105回
2020年6月の日記

バッファロー吾郎A

バッファロー吾郎A/本名・木村明浩(きむら・あきひろ)1970年11月24日生まれ/お笑いコンビ『バッファロー吾郎』のツッコミ担当/2008年『キング・オブ・コント』優勝

　緊急事態宣言が解除され、普通の生活に戻るのかと思いきやまた感染者が増えだして、もしかしたら年内は無理なんじゃないかと不安になってくる。

　今回は2020年6月の日記をココに掲載したい。メモ程度なので見直してみて「これはなんだ?」というモノもあるので補足説明的なモノも入れてみた。アラフィフおやじの日記など誰も興味がないと思うが、暇つぶしにご覧いただきたい。

　日付の下の数字はその日の朝に測った体重である。

6月4日　79・6キロ
バ吾A・しずる村上・ハリウッドザコシショウトークライブ～限定ライブ配信～『ザコシに聞く』

　リモートで真面目に聞くシリーズの第6弾にまさかのザコシショウが登場。30年近く自分のお笑い道を貫いてきた男が真面目に語る姿は、プロレスラーや格闘家のカッコよさに似ている。彼をデビュー前から知る私にとって、ザコシがスポンサーを気にしながらドリンクを飲む姿が信じられなくておもしろかった(笑)。

6月7日　79・2キロ
バ吾A・しずる村上・ガリットチュウ福島トークライブ～限定ライブ配信～『ガリットチュウ福島に聞く』

　奇しくも1年前のこの日に福ちゃんの人生が大きく変わったと聞いて驚いた。このライブはスキャンダルとは無縁のライブなので、最初にちょっと触れただけであとは真面目なお笑いの話を聞いた。

6月11日　80・2キロ
ドラマ『乾杯戦士アフターV』リモート撮影収録。【出演】村井良大、加藤和樹、吉川友、ラバーガール飛永、バ吾A、斉木しげる

　ついに悪の総帥シティボーイズの斉木さ

んが登場。収録後のアフタートークも斉木節が全開する楽しい収録だった。リモートに不慣れな斉木さんが、娘さんに手伝ってもらっている姿がかわいかった。

6月14日　79・6キロ
バ吾A・しずる村上・シソンヌじろうトークライブ～限定ライブ配信～『シソンヌじろうに聞く』

真面目に聞くシリーズの第8弾。吉本にいながら吉本っぽさが感じられない理由がわかった。そんなじろうなのに吉本の楽屋が大好き。じろうはおもしろい。

6月18日　80・2キロ
『すいているのに相席ラジオVol.2』
【出演】せきしろ、ザ・ギース尾関、氷河、バ吾A

長年やってきているユニットコントライブ『すいているのに相席』のラジオ風リモートライブ。レギュラーはせきしろ氏とザ・ギース尾関。私はゲスト。氷河とはコントに登場するキャラクターで、ザ・ギース高佐に酷似している。

6月19日　80・0キロ
『リモートAスタディゲーム』【出演】せきしろ、ザ・ギース高佐、バ吾A、R藤本

長年ロフトプラスワンやネイキッドロフトでやってきたライブのリモート版。ロフトでまたやりたい。

6月29日　79・8キロ
せきしろ氏、石川社長、女優の山脇唯さんと打ち合わせ。

食事をしながら舞台の打ち合わせ。カミさん以外と外食するのはひさしぶり。コロナ前は頻繁に会っていて、リモートでも何度も会話しているメンバーなのに、ひさしぶりに直に会ってみるとなぜか照れくさかった。

6月23日　79・9キロ
バ吾A・しずる村上・友近トークライブ～限定ライブ配信～『友近に聞く』

9回目で初の女性芸人登場。このライブの原型を考えるときにイメージしたゲストが彼女だったので、夢が叶った感じ。

6月23日　79・8キロ
バ吾A・しずる村上・麒麟川島トークライブ～限定ライブ配信～『麒麟川島に聞く』

記念すべき第10回は麒麟川島。川島ももう40歳。私の中で彼はまだハタチの頃のまま。彼のスタイルはいい意味であの頃から変わっていないような気がする。

6月30日　80・7キロ
『ほんとうの長州力』（KAMINOGE ARCHIVS・辰巳出版）をいただく。

『KAMINOGE』さんの人気企画である長州さんのインタビューコーナーが1冊の本に。興味深いインタビューは多々あれど、声に出して笑ってしまうインタビューはそうそうない。私と長州さんの対談も載っているのがまるで夢のよう。

姉さん、ボクの2020年6月はこんな感じでした。

KAMINOGE
BLOOMING GIRL

長州藩最後の大物が登場!!
「どうしていきなり西村知美なの?」って
どういう意味?（キョトン）

女優・タレント

西村知美

「歌も下手、演技も下手、トークも下手。なにひとついいところがなくて、私はいつ干されてもおかしくない状態だったんです。なのに、まだいるのが不思議でしょうがない。だけど、私は97歳まで生きる予定なんですね」

撮影：タイコウクニヨシ　聞き手：井上崇宏

「どうしても脳よりも言葉のほうが先行するので、自分でも何を言ってるのかわからないくらい」

——ボクの印象だと、西村さんを筆頭に山口県出身の方って凄く独特というか、特徴的な方が多いのかなと思っているんですけど。

西村　私が独特ですか？（キョトン）。山口県ということで言いますと、芳本美代子さんが私よりもデビューが1年早かったんですけど、やはり山口県出身で、しかも私と同じ宇部市っていうので、当時は事務所の人も驚いていましたね。

——宇部にはかわいい子がたくさんいるのかと。

西村　プロレスの長州力さんも山口ですもんね。私、「**あっ、苗字が長州ってことは山口だな？**」って**すぐに察知しましたけど**。

——察知！（笑）。

西村　それと私が偉いわけじゃないけど、山口県はとにかく政治家の方が多いのと、幕末だったりとかの歴史的な方が多いですよね。

——吉田松陰とか。

西村　そう、**吉田さんとか。**山口県には歴史的偉人や総理大臣の方が多いっていう印象が、みなさんも強いんだろうなって思いますね。あとは山口県って新幹線が5カ所くらい停まるんですね。

——5駅も。それは多いですね。

西村　そうなんです。「なんでこんなところに駅ができたんだろ？」って思うと、「きっと、この近くに政治家の先生がいらっしゃるのかな……」って**察知**することもありますけど。『新岩国』『徳山』『新山口』『厚狭』『新下関』っていう5駅に停まるんですけど、「えっ、なんでここに!?」って不思議に感じる駅もあるんですよ。それで「日本の中で新幹線が5カ所も停まるのは山口県だけだろう」と自慢に思っていたら、兵庫県も5カ所くらいに停まるみたいなんですよ。それを知って「**やられた！**」って思いましたけど。

※取材後に調べたら、岩手県と新潟県には新幹線が停まる駅は7駅あり、静岡県は6駅、山口県以外にも広島県と長野県も5駅あり、兵庫県は4駅だった。

西村　あと、まわりの人によく言われるのが、私も父も芳本美代子さんも「早口だね」って言われますね。私、自分でも思うんですけど、凄く早口ですもんね？

——早口というか、言いよどみがないですよね。

西村　あっ、本当ですか？　でも、**自分でも何を言ってるのかわからないくらいで**（笑）。どうしても、**脳よりも言葉のほうが先行**するんですよ。早口なので。

——早口だとそうなるんですか？（笑）。

西村　はい。だから自分でも脳が口についていけてないから、「いま、何をしゃべってたんだろ？」ってことが多くて。そうすると、**もう戻ってこれないんですね**。ラジオでもそうなんですけど、伝えたいことが多すぎて枝分かれしていって。

——枝分かれとは？

西村　「質問されたことに答える」というスタート地点は同じなんですけど、話したいことがいっぱいあって、それで枝分かれしすぎてゴール地点がわからなくなるっていう。だからいつも「あれ？　質問ってなんでしたっけ？」って、話が変なところで終わっちゃうんです。芳本美代子さんはしっかりしているからどうかわからないですけど、それでもちょっと早口なのかなっていうイメージではありますね。ウチの父も凄く早口だから、やっぱり山口県のみなさんはそうなんじゃないですかね。違うのかしら？

——長州さんも早口ではないですけど、何を言ってるのかわからないところはありますからね（笑）。

西村　それで宇部は炭鉱の街なんですけど、やっぱり工場があるので海も海水浴ができたりっていうイメージはないんですね。ただ、空港がすぐそばにあって、海もあって、川もあって、山もあって、街もあって、というのでなんでも揃ってるところなんですよ。だから私は山口県の中だけじゃなく、日本全体で見ても宇部は都会だと思っていたんです。「**宇部はなんでも揃ってるので凄い！**」とずっと思っていたんですけど、**さすがに東京に来たとき「負けた……」**って思いましたね。

——東京は世界全体で見ても都会ですからね。

西村　「夜なのに明るい……！」と思ったのと、初めて竹下通りに行ったときに人の頭だらけでもう道が真っ黒だったんですよ。さすがにそういう光景は地元では見たことがなかったので、「さすがに東京には負けた」と思いましたね～。それと当時はまだ地元にコンビニがなかったんですよ。だから**東京に来たとき、真っ先にローソンの前で記念写真を撮った**ことを憶えていますね。

——真っ先に（笑）。

西村　山口には中学3年の夏までいたんですけど、まだマクドナルドもなく、ケンタッキーができたばかりってことで友達と計画を立てて、みんなと**ケンタを食べにいくためだけに1日潰して**自転車で行ったのを憶えてますね。もうチキンがあまりにもおいしくて。私、**〝ケンタッキー・ワールドツアー〟**っていうのを行いましたもん。行いましたっていうのも変なんですけど、個人的なツアーで。

——ケンタッキー・ワールドツアーってなんですか？

西村　ありがたいことにお仕事で世界中のいろんなところに行かせていただくときに、**かならずその国のケンタッキーに**

寄るっていうワールドツアー。それが地域によって全然違ったりして、ご当地だけのメニューがあったりとか、値段が安かったりとか。シンガポールに行ったときなんか定食が出てきましたよ。ワンプレートみたいなので出てきて、チキンがおかずで、ライスやサラダが乗ったりとかして。おもしろいですね～。

「地元のほうでは芸能界＝水商売だと思っているので、『まずは脱がされる』っていうイメージしかないんです」

――それはおもしろいですね（笑）。

西村　あっ、おもしろさがわかりますか？（キョトン）。それにしても東京のコンビニには感動しましたね。感動というか衝撃的。

――さっきもおっしゃってましたけど、中3の夏から東京に来られたということで。

西村　細かく言えば、中学2年のときに雑誌『Ｍｏｍｏｃｏ』のモモコクラブに載せていただいたのが最初で。私は桃組出席番号992番で、全員で3000人くらいいたんですけど、その中からグランプリを決める『第1回ミスモモコクラブ』で優勝させていただいたんですね。それから映画の話が決まっ

たりとか、正式な事務所も決まったりとかして。最初は学研さんの所属だったので。

——そもそも、モモコクラブにはお姉さんが勝手に応募したんですよね？

西村　そうです。私はなんにも知らなくて、そのときはまったく察知できなかったですね。ただ、姉だから当然私の写真も持っていたでしょうし、プロフィールも全部書けるっていう。それで学研さんから突然電話がかかってきて、「モモコクラブに載せたいので」って言われてビックリしたんですよ。

——もともと芸能に興味はあったんですか？

西村　私はミーハーだったので、そのときチェッカーズのファンクラブに入っていましたし、菊池桃子さんの大ファンでもありましたので、「一生に1回、東京に行きたい」っていう夢があったんですね。でも、それは私にとっては、**月に行きたいぐらいの無謀な夢**というか。だけど「もし、東京に行けるなら月曜日に行きたい」と。

——どうして月曜日なんですか？

西村　『ザ・トップテン』が毎週月曜日に渋谷公会堂で（公開収録を）やっていたので、それを観たいっていう夢がありましたね。

——ああ、生放送でしたもんね。

西村　でも、東京に行くっていうのは月に行くくらい現実からかけ離れていたことだから、ましてやアイドルになりたいなんていうのはこれっぽっちも。「アイドルになりたい」というのは**「魔法使いになりたい」っていうくらい絶対ありえないこと**だと思っていたので。だから本当に不思議ですね、いまこうやって芸能界にいるっていうことが。

――じゃあ、最初に学研さんから連絡があったときは、どういうお返事をされたんですか？

西村　私に歌がやりたいとか、女優になりたいっていう思いが何もないところにその話をいただいたわけですから、とにかくビックリして。で、ウチの親は大反対ですよ。地元のほうだと芸能界＝水商売だと思っているので、**「まずは脱がされる」**っていうイメージしかないんで。だから親は大反対でしたけど、反対してる間もなくポンポンと話が決まってしまって、気がついたら言われたお仕事を消化していくだけっていう世界でしたね。

――西村さんは、やっぱり中学時代からぶっちぎりでかわいかったんですか？

西村　わかんないです（キョトン）。だから本当にそれは不思議で、**「なんでこんなのが？」**っていうふうに思いますよ。最初にモモコクラブのオーディションに出させていただいたときも、あとのみなさんは高校生だったり、オーディション慣れしてる方もいらっしゃるし、そのあとおニャン子クラブに入られた方とかもいらっしゃったので、そういう素晴らしい方たちばかりが揃っている中で「なんで私が優勝するの？」って感じでしたね。もうビックリですから。それでデビューが決まったはいいけど、とりあえず自分が何がしたいのかがわからないのに、映画の撮影も決まっていて。映画の監督さんから「キミは何をやりたいんだね？」って聞かれたときに**「いや、私も何がやりたいかわからないので誰かに聞いてください」**って言うくらいの状態だったので。事務所の方にも**「とりあえずこういうご縁をいただいたので、10年間はがんばります」**っていう話をしたら、当時の専務さんがビックリして、「えっ、キミは10年間も続ける自信があるのかね!?」って。

――ボクもいま、「ちょっと長いな」って思ってしまいました。なんのビジョンもないのに10年やる気ってたいした自信ですよね（笑）。

西村　そこまでの自信がどこにあるのっていう（笑）。やっぱり「2年目のジンクス」っていう言葉があるように、2年目が大変らしいという話を聞いて「あっ、そういう世界なんだ」と思って。だから演技が好き、歌が好きっていうのが何もないゼロの段階で、まずは方言を直すところから始めましたけどね。それで私はいまも変わらないんですけど、あまりにも歌が下手だったのですよ。先輩の岩崎宏美さん、河合奈保子さん、石川秀美さん、芳本美代子さんという方たちはみなさん歌が凄くお上手な方ばかりだったんで、そのみなさんも習っていた有名なボイストレーニングの有名な先生についていただいたんですね。そうしたらもう、その先生がビックリするくらい私が歌が下手だったので、**先生に居留守を使われちゃったんですよ**（笑）。

——えっ！（笑）。それは「もうレッスンしたくない」ということでですか？

西村　**「あなたの歌声は犬の遠吠え」**って言われたので「あっ、すみません！」って言ったんですけど、次に行ったときからピンポンしても絶対にいらっしゃらなくて、お手伝いさんにも「先生はいらっしゃいません！」って居留守を使われてしまって（笑）。きっと先生もお手上げだったんでしょうね～。「指導しても、この子は何も変わらないだろう」ってことで。それでほかの有名な先生についていただいたりとかしたんですけど、**「結果が残せず申し訳ない！」**と思いながら。だからレコーディングでも、岩崎宏美さんは2回しか歌わなくてもオッケーなんですよ。それこそ1回でオッケーなくらいなんですけど、念のためにってことで2回録るくらい完璧なんですって。でも**私は半年かかったんですね**。

「1年半くらいクルマを運転していた時期があったんですけど、じつは〝深夜の環七渋滞事件〟の犯人は私でして……」

——えっ、1曲のレコーディングにですか⁉

西村　そう。デビュー曲（『夢色のメッセージ』）であまりにもオッケーが出なくて、半年もかかって。「スタジオ代、どうするんだろ……」っていうくらいに。

——アルバムを1枚作るのだって、半年かからないくらいですよね（笑）。

西村　かからないですよね。普通なら1週間くらいで終わるところを私は半年もかかって、そのデビュー曲は映画『ドン松五郎の生活』の主題歌になる予定だったんですけど、もうそれに間に合わないんじゃないかっていうくらいオッケーが出なくて。それで通常は何十回も歌って、それからいいところをスイッチングしてつなげていくんですけど、**私の場合は1秒すらもいいところがない**んですよ（笑）。

——1秒たりとも！　そんなバカな（笑）。

西村　本当なんです。それで苦肉の策で、**「知美、ひと文字ひと文字歌ってくれ」**って言われて（笑）。

——ホントですか⁉（笑）。

西村　ええ（キョトン）。当時のミキサーの方って凄い天才だと思うんですけど、普通なら1行ごとにパンパンパンと変えていくところを、パソコンの早打ちみたいな感じでひと文字ずつ変えていくんですよ。とにかく凄いんですよ（笑）。そうやって、みなさんにご苦労をおかけしてなんとかデビュー曲ができたんですけど、それでもやっぱり滑舌が悪いので、「♪愛は読みづらい地図ね」って歌詞があるんですけど、主題歌なので映画の監督さんも何回も聴いているじゃないですか？なのに、「キミの歌ってるのが聞き取りづらくて、**『愛は読みづらい膣ね』**って聞こえるんだけど、いったいどんな詩なの？」って聞かれて。

――「読みづらい膣」はまずいですね。

西村　**「すみません、そこは地図なんです……」**みたいな感じで。そんな感じでデビューのときからもうみなさんにご迷惑をおかけしたことは忘れられないですね（笑）。

――自分が何をやりたいのかわからないっていう状況で、映画も出て、ドラマにも出て、歌手もやられてっていう。

西村　声優もさせていただいたり、それこそいろんなお仕事をさせていただきましたね。ラジオもやらせていただいて。

――どうして、そこまでマルチな活動ができるようになったんですかね？

西村　**いや、いまだに何もできるようになっていないです（キッパリ）。**なのに、いろんなことをさせていただいてありがたいな〜って。それでも、やっぱり司会だけはできないのかな？　一時期、番組のアシスタントっていう仕事をさせていただいたこともあったんですけど、すぐになくなりましたね。

――アシスタントの仕事が。

西村　**いや、番組が（笑）。**私がアシスタントをやっていたら、あっという間に打ち切りになっちゃって。

――死神か……。

西村　だって普通は打ち切りといっても、せめて1クールはやるじゃないですか？　でも、その番組は**1カ月半**で終わったんですよ。**本当に申し訳なかったですね〜。**でも自分では**何をしでかしたかわからない**んですよね（キョトン）。

――西村さん自身は、自分のクルマを順調に走らせているつもりだけど、西村さんの運転のせいで前後左右のクルマがどんどん衝突してる感じですかね（笑）。

西村　あっ！　私は1年半くらいクルマを持っていて運転していた時期があったんですけど、もうやめたんですね。じつは**〝深夜の環七渋滞事件〟の犯人は私でして……。**

――犯人!?　深夜の環七渋滞事件ってなんですか？

西村　「事件」っていうほどでもないんですけどね。私はちゃんと試験に合格して免許は持ってるんですよ。

――当たり前のことですけどね（笑）。

西村　それも、**べつに裏で何か操作したわけじゃなく。**しかも1カ月で取れたんですけど、何かが身についていなかったのか、ハンドルのまわりってボタンがいっぱいあるじゃないですか？　あれがまったく覚えられなくて。まあ、「**ほとんど使わないからいいや**」と思って覚える気もなかったんですけど（笑）。

――いやいやいやいや……（笑）。

西村　で、私は夜にしか運転していなかったんですね。というのは、昼間はクルマが凄く多いですし、みなさんに迷惑をかけるので。

――道が空いている時間帯に運転していたと。

西村　そう。私が運転するのは、だいたい夜中の0時から3時くらいって決めてて。3時を超えると今度は**トラックのみなさん**が多くなってきて大変になっちゃうので、その時間帯に絞って運転していたんですね。それであるとき、環七を走っていたら窓が曇っちゃったんですよ。寒い時期だったんですかね。それで拭いても拭いても曇るので、「**これは危ないぞ……**」と思って、クルマを横によけて拭いていたんですよ。

――路肩に停車して。

西村　いえ、自分ではちゃんとクルマを横によけて停めていたつもりが、**二車線の真横に停めていたみたいで。**

――真横？　それは道を塞いじゃったってことですか？

西村　そうなんです。だからみなさんは事故車だと思ったでしょうね、気がついたら**うしろが大渋滞になっていて**（笑）。私は路肩に停めたつもりなんですけど、**なんか斜めってたのか、**車線を全部塞いじゃったみたいで、うしろは大渋滞ですし、反対車線のクルマには事故車だと思われて凄くのぞかれちゃって。

「教習所の先生も『なんで西村さんが受かったんだろ？』って驚いてましたけどね。私は本番に強いのかも」

――実際は窓を拭いているだけなのに（笑）。

西村　もう、凄く申し訳なくて。あとで聞いたら、**三角のマークをすれば回避できる**のがあるんですよね？

――ハザードランプですかね。

西村　いや、**なんか煙が出るかなんかの……**。

――あっ、発煙筒ですか？

西村　いや、違う違う！　ほら、なんでしたっけね〜。曇ったのをなんとか回避できるのがあるじゃないですか。

――煙が出る、曇ったのをなんとか回避できるやつ……。

西村　とにかく「習ってるはずだよ」って言われても私は知らなかったですから。免許を取ったとき、私は優秀で一度も落ちずに合格だったんですけど、私が通っていた教習所に何年かあとに通っていた知人がいて、「知美ちゃんが伝説になってたよ」みたいな感じで言われたんですよ。「**私、何**

かした？」って聞いたら、「こういうことはやったらいけません」っていう悪い例で私の名前が出されていたみたいで。

——優秀だったんですよね？

西村　優秀だからこそ「えっ、どうして？」と思ったんですよ（キョトン）。たとえば一方通行の道って入ったらいけないじゃないですか？　でも私はお尻からだったら入ってもオッケーだと思ってやっていたんですね。当時のマネージャーさんたちもみんなそれをやってたんで。だけど先生は私が卒業したあとに「そんなことは絶対にやったらダメですよ。**西村知美ちゃんみたいに考えていたらダメですよ**」って言われてたりしていたらしいんです。

——優秀だったんですよね？

西村　（聞かずに）だから「深夜の環七渋滞事件」に戻りますけど、クルマを停止をするときにお尻のほうでチカッチカッていうアレをつけなきゃいけないっていうのは、たしかに授業でもやっていたんですよ。

——やっぱり、それはハザードランプですよ。

西村　私、さっきからそう言ってますが、変でしたか？（キョトン）。

——…………。

西村　でも、それ専用のボタンがあることを知らないから、**私はずっとウインカーを「右、左、右、左」って交互に出してやってたんですよ。**そうしてチカッチカッて。

——アハハハ！！　ウソでしょ!?（笑）。

西村　先生から「西村さん、ハザードつけて」って言われて、ずっとそうやってたんですけど、「それはやっちゃダメだよ。ちゃんとここにボタンがあるんだよ」って言われたのはたしかに憶えてるんですね。そのことも、のちにダメなパターンってことで授業で紹介されていたみたいです。

——もう、その授業では爆笑の渦なんでしょうね（笑）。それでよく一発で免許が取れましたね。

西村　私、とにかく完璧だったんですよ。

——まったく完璧ではないと思いますよ。

西村　まあ、先生も驚いてましたけどね。**「なんで西村さんが受かったんだろ？」**って（笑）。3人いて合格したのは私だけだったので、先生のほうが凄く驚いてました。**だから私は本番に強いのか。**

——本番にめちゃくちゃ強いんでしょうね（笑）。

西村　小型1級船舶の資格も持ってるんですよ。

——船舶も持ってるんですか!?　そんなんで!?

西村　持ってるんですよ。でも船を持っていないのでまったく操縦してなくて、一度も乗らずに3回更新してるんですけど。船舶は2日で2級を取って、さらに2日で1級に合格して。

——なんで合格するんですかね（笑）。

西村　午前中が実技練習で、午後が試験だったんですね。午前中のときは私も初めてだったので全然ダメで、人を救出するというやつでも**逆に人を巻き込んで轢いちゃったりとか**して、本当にデタラメで。「この線で停まらなきゃいけない」っていうのもオーバーしちゃうので、先生からも「こんなんじゃ合格できないよ！」って怒られてばっかりだったんですよ。なので、**試験では「エンジン」と「天気」は捨てたんですね。**

――詳しいことはよくわからないですけど、捨てたらダメな項目のような気がしますね。

西村　先生からは「ダメだよ。こんなんじゃ午後の試験には絶対に合格できないからね」って言われてたんですけど、その日の午後は凪（なぎ）だったんですね。風がまったくない状態だったので、**すべてが私の思惑どおりに**完璧にできて「ここのポールに停まる」っていうのも午前中は何度やってもできなかったのにピッタリ停まれたんですよ。それでもう**先生が唖然としていて、**つけたくなくてもマルにしなきゃいけないっていう（笑）。

「船舶の試験も『ワンピース』のナミくらいのイメージしかなかったんで軽く考えてたんですけど」

――無風だけど神風が吹いたわけですね（笑）。

西村　「絶対に合格させたくない。こんなんで合格したら大変だ。**でも合格せざるをえない……**」みたいな（笑）。本当に先生が凄く驚いてましたから。

――本当に本番に強いんですね。船舶の免許はどうして取ろうと思ったんですか？

西村　クルマもそうなんですけど、本来、私は操縦系が苦手なんですよ。クルマもいまはもう運転しないんですけど、それは私が運転したら**下手すれば一家心中**になると。

――下手すれば一家心中！（笑）。

西村　それで「本当に危ないから運転はやめてくれ！」という声が周囲から挙がりまして。たしかに私、信号が青になって右折をするのでも、「クルマが青だと歩行者の信号も青」っていう認識がないんですね。だから右折しようとして、**何度も歩行されているおじいさまを轢き殺しそうになった**ことがあったんですよ。

――おじいさまを轢き殺しそうに（笑）。

西村　だから「**このままだと私はどなたかを殺めてしまう……**」と思って。

――殺めてしまう（笑）。

西村　「これはもう動く凶器になってしまう」と怖くなって運転をやめたんですよ。

――それなのにどうして船まで？

西村　**船？（キョトン）。**ああ、そうでしたね、ごめんなさい（笑）。それは「苦手なものにあえて挑戦しよう」と思ったからですかね。

――西村さんの場合、その思想はとても危険ですね。

西村　私は船酔いを凄くするし、海も苦手ですし、だからこそあえて挑戦したというか。それと**「いざ、何かあったときに」**っていう。

――いざ、何が考えられますか？

西村　私はネガティブ思考なんですよ。結婚することが決まったときも、主人とまず話し合ったことは「離婚することになったらどうしよう？」っていうことと、結婚したら両親が2人から4人になるわけじゃないですか？　4人ともずっと健康なんですけど、**「親が4人同時に倒れたらどうしようか？」**っていう。

――4人同時に倒れる。

西村　それで船には仕事とかで乗ることが多かったので、そのときにいつも思っていたことがあったんですね。「もし、この船が漂流したらどうしよう？」ってこととか「船を操縦している方がいきなり倒れたらどうしよう？」っていう。そのときに私が資格を持っていれば、何かお手伝いができたりとかするんじゃないかと。そう考えたら資格は持っていたほうがいいなと。トム・ハンクスさんの映画『キャスト・アウェイ』でもありましたけど、**いつ、どこで無人島にたどり着くかわからない**ですよね。**「それを考えるとちょっと怖いぞ」**と。さすがにセスナのライセンスは英語ができないので取れないんですけど。

――えっ、空も考えられたんですか？

西村　考えました。**「とりあえず空でも何か持っていないといけない」**と思って。

――英語ができなくてよかったですね（笑）。

西村　でも本当に、私もよく自分が船舶の試験に合格できたなって。もともとは『ワンピース』のナミくらいのイメージしかなかったんで軽く考えてたんですけど。でも、なんとか運よく合格できたので「やっぱ私は本番に強いんだな」と。

「『サボテンは話しかけてあげるとトゲがなくなる』と聞いていたので、ずっと歌ってあげてたらめちゃくちゃ枯れたんですよ」

――いま、新型コロナウイルスで生活のスタイルもだいぶ変わってしまいましたよね。

西村　そうですね、本当に。やっぱりこの4月から6月あたりというのは、娘とかは一歩も外に出ずに家の中で過ごしてましたね。私はラジオの生放送があるので、それだけは普通に収録させていただいたんですけど、それでもスタジオを分けてやったりとか、ほかの方たちともアクリル板を挟んでやったりとか、正面で向き合わないように斜めにしたりとかして録ってはいますね。

——ラジオの収録以外の時間はどんな感じで過ごしてるんですか？

西村　スーパーに買い物に行くぐらいで、もちろんネットスーパーも利用したりして。だからベランダの掃除ばっかりやっていましたよ。普段はまったくベランダに出ないんですね。昼間もずっとカーテンを閉めているくらいなので、**ベランダの存在を忘れていたというか。**

——忘れてましたか。

西村　でも、今回はやっぱり外の空気を吸えるのはベランダだけなので綺麗にしていて。あとは渡辺美奈代ちゃんがパンを作ったりとか、家庭菜園とかを凄くがんばっていることに私も影響を受けまして、**ウチでもバジルとかを育ててみようとしたんですけど、あっという間に枯らしてしまって。**私、昔からどうしても植物が育てられないんですよ。ウチは家の中の**磁場**がよくないのか。

——磁場（笑）。

西村　ウチに悪い気でもあるのか、毎回あっという間に枯らしてしまうんです。お仕事でとっても綺麗なお花をいただいても、ウチでは絶対に1日ともたない。事務所に幸福の木があって、凄く育てやすいっていうことと、「幸福の木は枯れないから」っていうのでいただいて持って帰ったことがあったんですよ。でも**2週間もたなかったですね。**

——全然、幸福じゃなかったんですね。

西村　それでみんなが**「えっ、幸福の木を枯らす人がいるんだ!?」**ってビックリして。あまりにもかわいそうになっちゃったのか、同情してくれたお友達から「もう、これを枯らす人はいないから」ってサボテンをいただいたんですね。

——サボテンは絶対に枯れないと。

西村　「サボテンは暑い砂漠で育つものだから、水を1カ月間与えなかったとしても絶対に枯れないからね」っていうのでいただいたんです。私も漫画からの影響なんですけど、「サボテンは話しかけてあげるとトゲがなくなる」っていうことを聞いていたので、私はずっと歌ってたんですね。

——サボテンに向かって歌ってあげてたんですか（笑）。

西村　**そうしたらもう、めちゃくちゃ枯れたんですよ（笑）。**

——アハハハハ！

西村　トゲがなくなるどころか、みるみるうちに枯れちゃって。「私の歌がダメなのかしら？」って（キョトン）。驚くくらいに1週間で枯れちゃったので、あれはショックでしたね。

——サボテンが1週間もたないって本当にまずいですね。

西村　やっぱり磁場なんですかね？　今回のバジルだって栄養剤を買ってきたり、水を与えたりとかいろいろやったんですけど、まあビックリするくらい見事に枯れましたね。

——ご自宅の磁場が植物には合わないとはいえ、西村さんを含めたご家族のみなさんは健康なんですよね？

西村　みんな健康的です。**そういう磁場で暮らしていることで逆に免疫がついているかも**しれませんね。私もけっこう適当にやっていて、神経質に生きてたりとかはしていないので、娘は雑草の中で育ったくらいに強く生きてますね。今回はコロナだから、家の中でパンを作ったり、お掃除が多かったりとか、いろんなことをしていますけど、**私は雑学とか生活の知恵とかも好き**ですから。「網戸には柔軟剤を塗るといいよ」とかいろいろやっているなかで、渡辺美奈代ちゃんの家のフローリングがいつも鏡になるくらいにピッカピカなんですね。だから「美奈代ちゃんはいつも綺麗にしていて偉いね。私もフローリングをちゃんとやろう」と思って、ネットで調べたら「フローリング磨きには米ぬかがいい」っていうので、お米の研ぎ汁を使ってフローリングを拭いたりしたんですけど、全然効果がないんですよ。「なんでダメなんだろう？」って思ってたら、よくよく考えたら**ウチって無洗米なんですよね**（キョトン）。

——アッハッハッハ！！

西村　美奈代ちゃんにも「ウチは綺麗にならないよ～。なんかワックスとか使ってるの？」って聞いたりしたんですけど、そもそも無洗米なので米ぬかが全然出ていないっていう（笑）。「そっかー」と思って。そういうのをあとから気がつくっていうことがよくありますね。無駄な人生を過ごしてます、本当にね～。

——来年は芸能生活35周年ということで。

西村　そう。気がつけばあっという間ですね～。私はもともとミーハーなので、デビューさせていただいた頃からカメラと色紙をいつも持ち歩いていて、芸能人のみなさんからサインをいただいたりとかして。『ザ・トップテン』や『ザ・ベストテン』でいろんな方とお会いするので、ずっとファンクラブに入っていたチェッカーズさんとご一緒させていただいたときは、うれしくてうれしくて。

「いつ事務所から『はい、クビ！』って言われてもいいです。『ありがとうございました！』って笑顔で辞められます」

——憧れの人たちと会えたわけですからね。

西村　**だからマネージャーさんに頼み込んで「あとを尾けて」と。**

——えっ、あとを尾けて？　どういうことでしょうか……？

西村　もちろん家とかはわからなくても、**どこらへんに住んでるのかさえわかれば、**そこの近くのレストランにいらっしゃるかもしれないから、バッタリお会いできるかもなんて考えて。

——元祖ストーカーですね（笑）。

西村　なのでマネージャーさんにお願いしたんですけど、チェッカーズさんのクルマが出て行って、「いま！」って指示をして、あとを尾いて走ってもらったら**5分でまかれましたね。**

——アハハハハ。まあ、向こうはまいたという意識もないでしょうけど。でも同じ業界にいらっしゃるんですから、楽屋とかでご挨拶したり談笑みたいなこともできますよね？

西村　いやいや、もう緊張してお話なんてできないですから。サインもほしいんですけど、やっぱり申し訳ないっていうのと、恥ずかしいっていうので、頼むときもマネージャーさんやスタッフの方を通して、**「親戚に3歳の女の子で〝ともみちゃん〟っていう子がいるので書いてもらえますか？」**ってお願いして書いてもらったりとか。**そういう手口**で色紙はいっぱい貯まりましたね。

——周囲にウソをつかせて（笑）。

西村　いやもう、頼むのが恥ずかしいですもん。お忙しいでしょうから、申し訳ないなと思って。

——お忙しいなか、書いてもらってはいるんですけどね（笑）。

西村　本当にミーハーだったので、いろんな方とお会いできてうれしかったですね。なによりも歌番組でいままでテレビでしか観ることができなかった方たちとご一緒させていただいて、生で歌を聴けるところが。しかも歌手の方やアイドルの方の斜めうしろから見られるなんてないですよね。『夜のヒットスタジオ』とか『ミュージックステーション』とかでも、あの（ひな壇の）角度から見ることができて本当にうれしかった。

——でも、その感覚のまま35年っていうわけではないですよね？

西村　いや、いろんな方とお会いできることはいまだにうれしいですね。あとは世界中いろんなところに行かせていただいて、いろんな食べ物を食べさせていただいて、いろんな経験ができたっていうのはありがたいですよね。**私はいつ干されてもおかしくない状態**だったので。

——いつ干されてもおかしくない。

西村　歌も下手ですし、演技も下手、トークも下手、なにひとついいところがなくて、いまここにいるのが不思議でしょうがないんですよ。なので、**いつ干されてもいいように手に職を持たないと**っていうので、いろんな資格を取るようになったんです。まあ、役に立ったことはなかなかないですけどね（笑）。

——つぶしが利かないですよね。

西村　だから芸能界を干されたらなんの仕事ができるのか、

自分でもわからないです。ただ、私が目標として決めているのは、いろんな経験を積んで、心理学とかも勉強して、**人生カウンセリングを90歳になってから始めたい**と思っています。

――西村さんがカウンセラーですか？

西村　私がカウンセラーです。

――どうして90歳からなんです？

西村　**私、97歳まで生きる予定なんですね。**

――えっ、そんな予定があるんですか？

西村　そうです。なので、とりあえず90ギリギリまで芸能界で現役でいて、あとの7年でそういう仕事ができたらなって。いまのところは97歳まで生きる予定ですけど、**本音としては3桁、120歳というダブル還暦まで**いけたらいいんですけどね。

――でも97歳でお亡くなりになると。

西村　そのイメージがありますね。祖母とかも97歳で大往生だったので。

――それでも、まだ人生半分ってことですよね。

西村　まだまだこれからですね。昔から応援してくださっている方とかが**「ライブで歌ってください」**って言ってくださるんですけど、どうしてもやっぱり私が歌うと、**いわゆる公害になっちゃうんじゃないかって。**

――サボテンが枯れるくらいですからね。

西村　だから申し訳ないなって。**「健康な人がご病気になっちゃったらどうしよう？」って思うと、なかなか歌いづらい。**でもミュージカルをやりたいとか、声優さんをやりたい、絵本を出したいっていうのは全部叶えたので、もう思い残すことはないですね。いつ事務所から「はい、クビ！」って言われてもいいです。「ありがとうございました！」って笑顔で辞められますね。

「こういうことを言うと誤解されるかもしれませんけど、私は浮気オッケーな人なんですよ」

――「あざした！」と（笑）。芸能のお仕事をされていて、嫌なこととかはなかったですか？

西村　（急に小声になり）真面目な話ですけど、いじめはほとんどないですね。**これは本当です。**

――そうなんですね。

西村　そういうのは全然ないんですけど、やっぱり挨拶とかをして返してもらえなかったりとかしてショックだったこともあったときに、**相田みつをさんの「しあわせはいつもじぶんのこころがきめる」っていうのが私の座右の銘なので。**芸能界は挨拶をするのが当たり前だと思っているからショックなんであって、だからいま私の中では「挨拶をされないのも当たり前」という基準を定めているんですよ。

――ああ、なるほど。

西村　そういうふうに考え方を変えたら凄くラクになりましたね。こっちが「おはようございます！」って挨拶をして無視されても、それが当たり前なので問題ないですし、でも9割の方はみなさん挨拶してくださるじゃないですか。ましてや、目を見て挨拶してくださったりとか、亡くなってしまわれて大変残念ですが、渡哲也さんみたいにわざわざお椅子から立ち上がってまでして挨拶してくださる方もいらっしゃると、みなさんがめちゃくちゃいい人に見えるんですよ。**「挨拶してくださってる！　すご〜い！　なんていい人！」**って思うので、めちゃくちゃハッピーになれるんですよね。「考え方ひとつでこんなにも幸せになれる」っていうので、ずっとこのお仕事をさせてもらっているので。

――じゃあもう、ずっとハッピーで来られてるわけですか？

西村　そうですね。芸能界はスタッフのみなさんもそうですし、みなさんいい人ですから。だから嫌いな人はいないです。

――それは西村さんのお人柄というか、ご自身がそういう空間を作り上げている部分もあると思うんですけど。

西村　どうなんでしょうかね？　**嫌われてることは多いでしょうけど。**

――えー、嫌われはしていないでしょう。

西村　いやいや！　私のことが苦手な人とか嫌いな人はいっぱいいると思いますね。だけど、基本的に私はいじめられても、ちょっとでもやさしくされたら尻尾を振ってうれしくなっちゃうんですよ。だから嫌いな人っていないですし、基本的にいじめられることもないですけどね。

――あと恋愛についてもお伺いしたいのですが、ご主人（元CHA-CHAの西尾拓美さん）はもともと西村さんにとってタイプの男性だったんですか？

西村　どうなんですかね？　タイプ系になるんですかねぇ。たとえば、たのきんトリオさんでは私はマッチ派だったりしたので、その系統ではあるのかなと思うんですね。初めて主人と会ったのはラジオのお仕事で、私が17歳で、主人がハタチのときだったんですよ。それからは向こうは彼女連れとかでみんなで仲良くプライベートでも遊んでいた感じで。そこから親友みたいな関係が10年くらいずっと続いていたんですね。

――あっ、そうなんですね。

西村　だから歴代の彼女のことも知っていますし、その彼女さんたちとも仲がよかったですし。それでたまたま相手もフリーになって、まわりを見たら私しか残っていなかったんでしょうね。そういうので、まわりから何か吹き込まれたのか、どう思ったのか、年齢的に感じたのかわからないですけど、急に「付き合って」じゃなくて「結婚してください！」って感じになったんですよ。私としても共通の友達が多いから、そういうところでは**便利**って言ったら変ですけど。

——便利って言ったら変ですね（笑）。

西村　なんでしょう、合理的？

——安心できる環境が整っていたってことですよね。

西村　あっ、そうです、そうです。だからお互いにいいのかなと思って。

——でも、長年にわたって恋愛モードで見てはいなかったわけですよね？

西村　まったく。なのでお互いに変な感じですね。あっ、こういうことを言うと誤解されるかもしれませんけど、**私は浮気オッケーな人**なんですよ。

——えっ、旦那が浮気をしてもいいってことですか？

西村　ええ。ずっと昔から公言してるんですけど。なんでしょうね、それは10年間親友で、彼女さんとかもひっくるめて仲がよかったという時間が長かったからかもしれないですけど、そりゃ旦那は旦那なんでしょうけど、「**私だけの人じゃない**」**っていうイメージ**が私の中であるんですね。だから大丈夫ですし、主人にも「**浮気は全然いいよ**」って言ってて。

——本人にも言うんですね。

西村　結婚したときにも言いましたね。ただしそこには条件があって、細かく言えば「ご迷惑をおかけしないように子どもは作らない」とか「お金は貢がない」とか「本気にならない」とか。そこは守ってくれないと世間的にも大変になっちゃうから、この3つだけは守ってねと。それと私の中での第一条件は「**浮気してもいいけど事前に言ってよ**」と。

「いつ男の人から電話番号を聞かれても大丈夫なように、手書きの名刺を作ってカバンの中にたくさん忍ばせていたんです」

——ちょっと待ってください。あっ、事前に言わなきゃダメなんですか？（笑）。

西村　はい。「まず事前に報告さえしてくれたら私は全然オッケーよ」っていうのは結婚するときに言いましたね。いまだにそのルールは変わらないんですけど、それをこういうお取材で言っちゃうと**炎上**とかになっちゃうので怖いですけどね。でも、主人は事前に言ってまでもやりたいとは思わないみたいで。

——絶対にみんなそうですよ（笑）。

西村　「『いいよ』って言われると逆に怖くてできないよ」って言ってますね。だから主人はいまだに浮気はできないんでしょうけど。

——つまり事前に報告をされたことがないと。

西村　まったくないです。だから「めちゃくちゃいい人がいたんだよ。紹介したいくらいだよ」っていう人がいたら、事前に言ってもらって、**その彼女の名前、連絡先、できれば画像もお借りして。**相手は嫌がるかもしれないけど、その人がオッケーなら紹介もしてよと。

——猪木vsアリ戦ばりにルールが細かいですね（笑）。

西村　「そうしたら、私もその人と友達になれるから」ってずっと言ってるんですけど、結婚して23年になりますが、主人は一度もそういうことがない。だから、まだその経験がないからわからないですけど、実際にそうなったら、**もしかしてめちゃくちゃヤキモチを妬いて炎上するのかも**しれないですね。

——全然オッケーじゃなさそうなんですけど！（笑）。その事前に申告さえしたらオッケーっていうルールも、理解できるようでできないんですけど。

西村　なんか私、内緒にされるのが嫌なんですよ。あとから知るのが嫌なので、だったら事前に言ってよと思って。ここらへんは自分でも不思議ですね。

——ひょっとして、西尾さんが初めてお付き合いした男性だったりするんですか？

西村　あっ、そうです。ずっと事務所が厳しかったっていうのもあったんですけど、でも恋に恋していた時代もありまして、**なるべく出会いを求めて外出したり**していたんですね。ハタチを超えてからは友達と飲みの席というか、みんなが集まるところがあって、そこにお声がかかるといつも遊びに行ったりしていたんですよ。そこでみんなワイワイ楽しんでるんですけど、私はお酒が飲めないから常に蚊帳の外なんですよね。

——さみしいですね。

西村　それでタレントさんって名刺がないんですけど、**私はいつ男の人から電話番号を聞かれても大丈夫なように、手書きの名刺を作ってカバンの中にたくさん忍ばせていたんですよ。**

——えっ！（笑）。

西村　いつでも渡せるようにといっぱい入れていて、「はい！」「はい！」って配れるように待機していたんですけど、**1枚も減らないんですよ（笑）。**

——まったく誰からも電話番号を聞かれなかったんですか？

西村　誰からも聞かれないんですよ。べつに私がガードしてたとかはないんですけど、まったくお声がかからなくて。それでモテるお友達に「私、本当に誰にも相手にされないんだけど」ってこぼしたら、**「知美ちゃんはね、変に手を出したら火傷しそうで怖いんだよ。責任を取らなきゃいけないっていうイメージがあるから誰も手を出せないんだよ」**って言われて。

——要するにめんどくさそうだと。

西村　めんどくさそうに思われていたみたいで、さみしかったですねぇ。伊藤智恵理ちゃんとはいまでも親友なんですけど、彼女もお酒が飲めなくて、いつもふたりで「全然モテないねぇ」って言いながら。

――どう考えても、まったくモテないってことはないと思うんですけどね。

西村　誘われたらついて行くんですけどね、**もともと軽いので。**

――もともと軽い！（笑）。

西村　でも、まったく誰にも相手にされず。こないだも元アイドルの話ということで、松本伊代さんと大西結花ちゃんと「昔の恋愛ってどうだったんですか？」っていう話をしたときに、みなさんも事務所が厳しかったはずなのに、スタジオのひな壇とかで電話番号を書いたメモを交換したりとか、「ＣＤが出ました！」ってそのＣＤの中に連絡先を入れてたっていう話を聞いて、「えっ、そんなことがあったんですか!?」「**その手があったか！　もっと早く聞きたかった！**」って思ったんですけど。当時の私はそんなこともなく、まわりで**そのような行為**をやっているのも見たことがなかったので、「私が知らないところでみんなは青春をしてたんだなー」と思って（笑）。まだ携帯もない時代だったので、お友達と遊ぶのもいったん家に帰って、そこで留守番電話を聞いてから固定電話で連絡を取り合って、それから遊んでっていう形式だったので。あのときはよく寝る時間も惜しんで徹夜で遊んでたなって。でも、みなさん朝から夜中までずっとお仕事なので、そこしかプライベートの時間がないんですよ。

――でも、ご結婚をされて、娘さんも誕生されて。こんなお母さんがいたら、毎日が楽しくてしょうがないだろうなって思うんですけどね。

西村　そうですか？　ちょうど、こないだ娘から「**ママの子育ては間違ってる！**」ってハッキリと言われたところなんですけど（笑）。

――えっ、子どもからダメ出しを。

西村　完全にダメ出しされましたね。私も「えーっ!?」と思って。でもまあ、反面教師なんでしょうかね。それで娘もしっかりしているのでいいかなと思いながら。

『ＰＴＡでの経験をタダでは終わらせない！』と思って、30周年イベントのときは会場探しから全部自分でやりました」

――聞くところによると、ＰＴＡの会長をやられていたこともあるんですよね？

西村　いや、会長じゃなくて副会長ですね。娘が中学のときにＰＴＡの副会長をやらせていただいて、初めて裏方っていうのを経験させてもらいましたね。それまでステージでもイベントでも、当日行ってステージに上がる、それで1時間くらいしたら終わってっていう形式しか経験したことがなかったので、ＰＴＡをやることで初めてイベントをイチから作る、もう半年前から打ち合わせをやるんですよね。

——学校行事の準備ですね。

西村　台本を作ったりとか、誰をお呼びするかとか、本当に事細かくやって。そのなかで私はグッズを担当していたんですけど、グッズも1個くらいかと思っていたら、学校が周年だったので7個くらい注文したんですね。そのデザインを決めたり、限られた予算の中でより良い業者さんを探さなければいけなかったり。当日もコーヒーを配ったり、お茶をお出ししたり、受付をやったりっていう裏方をさせていただいたのは本当に初めての経験でしたね。それまでは当たり前のようにお仕事をさせていただいていたんですけど、たとえば楽屋に行ったときにケータリングで飲み物やお菓子が置いてあるじゃないですか。すると「このお菓子も、予算の中で甘いものとしょっぱいもの、そういうバランスをちゃんと考えて用意しているんだな」って思うと、みなさんに感謝するようになりましたね。

——それはいい話ですね。

西村　いままで何十年もこのお仕事をさせていただいてきましたけど、ほかのことをやったことがないので、あらためて感動と感謝の気持ちが。だから、そういう経験はありがたいというか、やるべきですね。ＰＴＡは中学だったんですけど、娘が小学校のときも卒業対策委員というのをやりまして、そのとき私はＤＶＤ係だったんですね。自分で編集を全部やって、ＤＶＤを作るときも印刷から何まで全部やったんですよ。しかも2カメで、2日間かけて。

——映像の編集も。それは卒業式ですか？

西村　いえ、1年間の思い出をまとめたやつですね。それを毎年みなさんは3分くらいにまとめてＤＶＤを作られるんですけど、私は気合いが入りすぎて、**2時間のＤＶＤを作っちゃったんですよ（笑）。**

——超大作！（笑）。

西村　もう映像を観ているうちに**「どれもカットできな〜い！」**と思って。編集も独学で半年間、誰からも習わないでやったんですよ。

——えーっ、凄いですね！

西村　私は**説明書が読めない**から、すべて手探りで編集して。それで学園祭で『ライオンキング』をやったんですけど、リハーサルと本番とで2回に分けて、カメラの位置も変えて2カメ分をすべて編集しつつ、みんなのセリフと歌が全部入るようにっていうので何度も編集し直したりとか。あとは先生の謝恩会のときのも全部入れたりとか、過去の写真も全部入れたりとかいろんなのをやって編集して。

——それは2時間とかになりそうですね（笑）。

西村　でも、それをやることによって、映像の技術さんがどれだけ編集が大変なのかっていうことを思い知りましたね。だから言葉もきちっと、ダラダラとしゃべるんじゃなくて決め台詞でやらないとダメだなと。そうじゃないと、あとで編集するのが大変だからと思って。

——編集スタッフの苦労にも気づけるようになったんですね。

西村　そうなんですよ。いままでにない経験をさせていただいたことで世界が広がりましたね。

——PTAの役員になるって、普通は親御さんはみんな嫌がるじゃないですか。

西村　そうでしょうね～。もう大変ですから。

——西村さんは役員を押しつけられたみたいなことはなかったんですか？

西村　私もこんな仕事をしているのでお断りしようと思っていたら、東京の学校って芸能界で活躍されている保護者の方がいっぱいいらっしゃるんですよ。そういうお忙しい方でもPTAをやっていらっしゃったという話を聞くと、暇な私なんかが「ごめんなさい、仕事で」って断れないんですよ。というか、お忙しい方こそやっぱりうまいんでしょうね。

——ああ、時間の切り方というか、自己管理がうまいんでしょうね。

西村　そう。みなさん管理がお得意だったりされるので、「**もう私は逃げられない**」と思って。それで地域のイベントにも参加させていただいたりするようになりましたね。

——じゃあ、やっぱりいいお母さんですよね。

西村　いやいや、全然です。ただ、「**この経験をタダでは終わらせない！**」ってことで、私は芸能30周年のときにイベントをやったんですけど、そのときのDVDの編集も全部自分でやったんですよ。

——えーっ!?　めちゃくちゃ凄いじゃないですか！

西村　台本も自分で作りましたし、イベントのオープニングで流す紹介VTRとか、DVDの編集とか全部。会場探しなんかもやりましたし、イベント中にやるゲームコーナーの企画、ファンのみなさんにプレゼントするDVDの印刷、グッズとかお菓子なども全部自分で用意したんです。


「尿漏れは80歳とか90歳の方が悩まれることなのかなって思っていたので、最初はショックでしたね」

——本当に凄いですね。ただ、諸先輩方は芸能の経験を活かしてPTAを回していたんですよね。

西村　あっ、逆ですね（笑）。

――西村さんはＰＴＡでの経験を芸能活動に持ち込んだっていう（笑）。

西村　本当ですね～。めちゃくちゃ芸能にプラスになりましたんで。コストダウンにもなったし。

――しかし、西村さんってずっとお美しいですよね。

西村　とんでもない。特に気をつけているようなこともないですけど、ただ、いまはちょっとヒアルロン酸を浸透させるシールみたいなモノを顔に貼ったりはしていますね。そのシールにはいっぱい細かい針がついているんですけど、**「刺すヒアルロン酸っていうのはおもしろいな」**と思って。それだけは愛用していて、ずっと定期購入しているんですけど。私はグラビア撮影のときとか、炎天下のもとで日焼け止めすらも塗っていなかったので、シミとかソバカスが凄くていまになって後悔してるんですよ。だから「美顔器も買おうかな」と思ったんですけど、何万もするじゃないですか。でも美顔器を買わなくても、洗面器にお湯を張って、**そこに顔をつけて自分の口でブクブク～**ってやったら美顔器みたいな形式になるので。

――えっ、自分で泡を発生させてるんですか!?（笑）。

西村　そう。ブクブク～って（笑）。**ホントに雑学じゃないですけど、**そんなに高価なモノがなくても全然っていう。今日のこの服だって、**しまむらで1900円**だったかな？

――えっ、このワンピースがですか？　そんなに安そうには見えないですね！

西村　私はとにかく激安が大好きなんですよ。だから商店街とかで安い服を売っている店を見つけるのが大好きで。凄くかわいい白いニットの服で、黒いリボンまでついているのに１８０円とか。

――リボンだけでも１８０円くらいはしてよさそうなのに。

西村　もうそれを見つけたときは、うれしくてすぐにブログに載せましたね。**とにかく安いのを見るとうれしくなって興奮してしまうんです。**ただ、激安を求めて電車を乗り継いだりしていると、「電車代のほうがお金がかかってるよ！」っていう反省もあるんですけどね（笑）。

――それと、これはお聞きしてもいいんですかね、43歳くらいから尿漏れのほうがひどいということで。

西村　ああ、そうなんです。それは最初は自分でもショックで、「尿漏れは筋肉の衰え」っていうイメージがあったから、80歳とか90歳の方が悩まれることなのかなって思っていたので「なんで!?」ってなって。そのときはやっぱりまわりや家族にも相談ができなかったですね。でも「もしかしたら同じように悩んでいる同世代の方もいらっしゃるかもしれない」と考えたときに、「私が情報を発信することによって、解決する情報が得られて救われる方もいらっしゃるかも」と思って、テレビでカミングアウトしたんですね。それで実際に専門家の方に伺ったら、40代でも10人にひとりはそれで悩んでる方がいらっしゃると。意外と多いことにビックリしたのがまずひとつと、「えっ、薬で治せるの?」ってことにもビックリして。

――そうなんですね。

西村　腹圧性という、いわゆる立ち上がったり、笑ったりしてお腹に力が入ったときにっていう場合は手術もあるらしいんですけど、トイレに間に合わないくらいっていう切迫性の方もいらっしゃって、それは薬で治るんですよ。

――それは飲み薬ですか?

西村　飲み薬があるんですって。私はそこまで重症じゃないので、日々のトレーニング、青竹を踏んだりとか、ペットボトルを股に挟んで筋肉を作ったりとか、そういうことでも改善されるらしいのでやっていますね。そういう情報が得られたっていう意味では、カミングアウトしてよかったなと思いますね。

――でも、それまで親しい人にも言えなかったことを、いきなりテレビで言っちゃうっていうのは勇気がいったことでしょうね。

西村　そうですね。ただ、私もこういう仕事をしていますが、いまはアイドルではないですし、そういう使命なのかなって思っちゃいますね。だからけっこう、そういうこともオープンに言ってしまうことが多いです。

――アイドル時代、ずっと薬物乱用防止運動のイメージキャラクターをやられてましたよね。

西村　あれを10年間やらせていただいたおかげで、当時は総理官邸に行かせていただいて橋本龍太郎さんとご挨拶をさせていただりとか、結婚当初の1997年には秋の園遊会にもお招きいただきまして。そういう一生に残る経験もさせてもらいましたね。園遊会にはドレスコードがありますから、主人とふたりで「どんな格好をしていったらいいのかな」って悩んだんですけど、私が「着物を着たい」って言ったら、主人が「じゃあ、俺は袴で行く」ってなって。そうしたら、みなさんはほとんど燕尾服で、誰ひとり袴を着た人なんかいなかったんですよ。主人ひとりだけが七五三みたいになっちゃってて、もう恥ずかしかったですけどね。それで、おみやげの記念品で菊の御紋が入ったどら焼きをいただいたんですけど、家に大事に飾ってたら**カビが生えて腐っちゃって（笑）**。

――やっぱり（笑）。

西村　ウチはほら、やっぱり磁場がちょっとアレなのでね～。

こんな感じで記事になりますか?（キョトン）。

西村知美（にしむら・ともみ）
1970年12月17日生まれ、
山口県宇部市出身。女優・タレント。
1984年11月、姉が写真を応募したことで雑誌『Momoco』のモモコクラブに掲載され、同雑誌が主催した『第1回ミス・モモコクラブ』でグランプリを受賞。これがきっかけとなり芸能界入りし、1986年3月に映画『ドン松五郎の生活』でデビュー。同時に主題歌『夢色のメッセージ』でアイドル歌手としてもデビューを果たす。その後は、ドラマやバラエティ番組、声優や絵本作家として活躍。1997年、元タレントでCHA-CHAのメンバーだった西尾拓美と結婚して、愛娘を授かる。現在も精力的に芸能活動中。

HENTAIZADANKAI

玉袋筋太郎の変態座談会

TAMABUKURO SUJITARO

ハマの猛将

FUMIHIRO NIIKURA

新倉史祐

**新日本、ジャパン、SWS
メジャーを渡り歩いた男が
語る珠玉の裏話の数々！
これだけ濃密でまだ前編!!**

収録日：2020年8月6日
撮影：タイコウクニヨシ　試合写真：平工幸雄
構成：堀江ガンツ

[変態座談会出席者プロフィール]
玉袋筋太郎（1967年・東京都出身の53歳／お笑い芸人／全日本スナック連盟会長）
椎名基樹（1968年・静岡県出身の52歳／構成作家／本誌でコラム連載中）
堀江ガンツ（1973年・栃木県出身の46歳／プロレス・格闘技ライター／変態座談会主宰者）

[スペシャルゲスト]
新倉史祐（にいくら・ふみひろ）
1957年8月23日生まれ、神奈川県横浜市出身。元プロレスラー。
1980年に新日本プロレスに入門し、1981年1月10日、斎藤弘幸（ヒロ斎藤）戦でデビュー。1984年9月、長州力らが設立したジャパンプロレスに合流し、ジャパン勢の一員として全日本プロレスに参戦。1986年、馳浩とともに覆面レスラーのベトコン・エクスプレス1号・2号として（1号が新倉）、プエルトリコのWWCやカナダ・カルガリーのスタンピード・レスリングに遠征。1987年のジャパンプロレス崩壊後はフリーとしてパイオニア戦志に参戦。その後、SWSやNOWに参戦を果たし、1993年に現役引退。

中野北口一番街
金なんかいらねぇ!!

「ボクはちょっと料理の心得があったけど髙田が作ったちゃんこはひどかった。彼のメシは食えないですよ」（新倉）

ガンツ　玉さん！　本日のゲストは昭和の新日本プロレス、ジャパンプロレス、そしてSWSと、我々の大好物ばかりを渡り歩いた方に来ていただきました！

玉袋　エピソードの宝庫だよ！　これ、1回じゃ終わらねえぞ。

椎名　凄い、バブリーな匂いがする団体だよね（笑）。

ガンツ　というわけで、今回のゲストは新倉史祐さんです！

新倉　よろしくお願いします。私ね、以前、玉袋さんがテレビで馳（浩）にインタビューした番組をたまたま観たんですよ。

玉袋　ああ、『アサ秘ジャーナル』（TBS）って番組で、政治家のインタビューをよくやらせてもらってたんですよ。議員会館まで訪ねて行ったやつ。

新倉　そのとき、馳と小泉純一郎さんがふたりで写っていた写真があったんだけど、それを見た玉袋さんが小泉さんを指差して、「隣にいるのはベトコン（エキスプレス）の新倉さんですよね？」って言ってて（笑）。

玉袋　ああ、言った言った（笑）。

新倉　あれをたまたま観てたら、自分の名前が出てきて吹き出しちゃって（笑）。「おー、玉袋さんが言ってくれてる」と思ってビックリしましたよ。

玉袋　あの番組、スタッフにあまりプロレスファンがいなかったんだけど、ご本人に届いてよかったですよ（笑）。では新倉さん、今日はひとつよろしくお願いします！

新倉　こちらこそ！

ガンツ　新倉さんは昔、『プロレスラーの秘密の話』（エスエル出版会）っていう本を出されたくらい、いろんなことを知っていますからね。

玉袋　知らねえエピソードも出てくるんだろうな。新倉イワオの『あなたの知らない世界』って感じでな（笑）。

椎名　うまい！　夏にぴったり（笑）。

ガンツ　新倉さんは新日本道場では、前田日明さんの後輩で、髙田延彦さんとは、ほぼ同期なんですよね。

新倉　髙田よりボクのほうが少しだけ先輩ですね。上には前田さん、平田（淳嗣）さん、ジョージ（高野）さん、ヒロ斎藤さん、保永（昇男）さんとかがいて。下だと髙田、山崎（一夫）、高野俊二とかね。

ガンツ　新日本がいちばん新日本らしい時期ですよね。

椎名　絶対に何かが起こりそうなメンバー（笑）。

新倉　ボクが入ったとき、ちょうど（アントニオ猪木vs）ウィリー・ウイリアムス戦があったんです。当日はひとりで道場に残り番だったんですけど、すげー怖かったですよ。もう昼間から、極真関係者を名乗るヤツからの電話がガンガンかかってきて、「これからおめえのところに殴り込みに行くから待ってろ!」とか言ってね。こっちは俺ひとりなのに(笑)。

玉袋 なぜか新倉さんが百人組手やっちゃったりしてな(笑)。

新倉 だけど本当に来ちゃうかもしれないから、こっちはビクビクしてたよ。だってジョージさんなんか、角材に有刺鉄線を巻いた武器を作ってくれて「もし極真のヤツらが来たら、これでやっつけてくれ」とか言ってるんだから(笑)。

椎名 元祖有刺鉄線バットですね(笑)。

玉袋 ミスターデンジャーより、ジョージ高野のほうが早かったんだな(笑)。じゃあ、猪木vsウィリーは寮のテレビで観てたんですか?

新倉 そうです。蔵前(国技館)とか後楽園ホールで試合があるときは、終わったあとみんな道場で食事をとるんで、残り番がちゃんこを用意しとかなきゃいけなかったんですよ。

椎名 ひとりでみんなの分を作るのは大変ですね。しかも、極真の襲撃に怯えながら(笑)。

新倉 たいしたものはできないですけどね。米を炊いて、あとは昼間に作ったちゃんこの残りに野菜を入れるくらいしか食材が寮にはないんで。でもボクはのちに店をやるぐらいなんで、ちょっと料理の心得があったからできたけど。ひどかったのは、髙田が作ったちゃんことかね。

玉袋 ダメでしたか?

新倉 彼のメシは食えないですよ。

玉袋 おかしいな、あの人ものちに店をやってるんだけどな~(笑)。

ガンツ 大皿料理店『舌心』に始まり、最近はしゃぶしゃぶの店とか、歴代いろんな店をやってるんですけどね(笑)。

玉袋 ジンギスカン屋も当たったかと思ったら、長く続かなかったしな。いまやってる五島うどん屋はどうなのかわかんねえけどさ。

ガンツ あれは奥様がやってる店なんで(笑)。

玉袋 旅サラダなら大丈夫か。

「俺が前に付き合ってた女が『俺、コブラだけど知ってる?』って覆面を被ったジョージさんにしつこくナンパされたんだって(笑)」(玉袋)

新倉 だいたい新日本は、ちゃらんぽらんなヤツほど出世するって、昔から言われてるんですよ。その代表格が髙田と前田さんなんだけどね(笑)。あの人も規律みたいなのはいっさい守らなくて。

玉袋 でも、前田さんは寮長じゃなかったんですか?

新倉 寮長だけど口ばっかりなんですよ。でも前田さんはボ

1986 10 10
WBA
WBC 世界Jフライ
チャンピオンにな
門脇正高

クの店に奥さんを連れて何度も来てくれてるから、あんまり言えないな（笑）。

ガンツ なんか歴代の新日本合宿所で、前田寮長時代っていうのがいちばんいろんな逸話がある気がしますけどね（笑）。

新倉 寮には門限があるんだけど、ジョージさんなんかはしょっちゅう朝まで女のところに泊まってくるんですよ。それで朝6時くらいに眠そうな目をして帰ってくるんだけど、それでも9時半から炎天下のなかでガンガン練習をやってもいちばん体力があるんですよ。あの体力、スタミナは凄い。

玉袋 やっぱりコブラってのは凄いんだな。精力剤としても（笑）。

新倉 練習が終わるとパッとちゃんこを食って、死んだように寝てましたけどね（笑）。それでまた夜になったらどこかへ消えて、女のところに行っているという。

玉袋 俺も若い頃に新宿二丁目あたりで見かけたことがあるんですよ。ベロベロに酔っ払ったジョージさんを。

新倉 あっ、そうですか？　よく俊二とも新宿二丁目に行きましたよ。

玉袋 そうですよね。俺が前に付き合ってた女がポルノ女優だったんだけど、「俺、コブラだけど知ってる？」って、覆面を被ったジョージさんにしつこくナンパされたって言ってたよ（笑）。

椎名 「俺、コブラなんだけど」って言われてもわかんないよね（笑）。

ガンツ 「おまえ、平田だろ」ばりに「おまえ、ジョージだろ」って言いたくなりますね（笑）。

玉袋 新倉さんは、もともと新日本入りするきっかけはなんだったんですか？

新倉 もともとプロレスは好きだったし、自分でも運動能力は高いほうだと思っていたんだけど、「プロレスラーになるのは無理かな」なんて思いながらトレーニングはしていたんですよ。

玉袋 スポーツは何をやってたんですか？

新倉 野球やボディビルとか。あとは友達がボクシング部の部長をやってたんで、毎日のように武相高校のボクシング部に行って練習させてもらいましたね。それで一応、新日本の入門テストを受けてみて、7人ぐらい一緒に受けたんですけど、合格したのが俺と髙田だったんですよ。山本（小鉄）さんと同じ横浜出身だから合格にしてくれたんじゃないかな？って（笑）

玉袋 横浜でボディビルをやってたのはスカイジムですか？

新倉 知ってます？　スカイジムの会長さんの妹さんが近所にいて、俺がプロレスラーに受かったって言ったら凄く喜んでくれて。会長はミスター高橋さんとも凄く仲がよかったんですよ。

玉袋 金子会長ですよね。横浜つながりは凄いなあ。

新倉　あと、鈴木みのる。アイツはウチの兄の嫁さんと親戚なんですよ。
ガンツ　そうだったんですね（笑）。
新倉　兄貴の嫁さんのいとこかなんかになるんじゃないかな。アイツが知ってるかどうかわからないですけど（笑）。
玉袋　横浜ラインは強いな～。
ガンツ　そもそも猪木さんも横浜ですからね（笑）。
玉袋　そうなんだよ。
椎名　髙田延彦もそうですよね。
玉袋　そうだ、団地だ。
新倉　上飯田団地ね（笑）。
玉袋　プロレス入りするのに、親御さんの反対はなかったんですか？
新倉　父親には「すぐに帰って来い」って言われました。でも、そうやって言われたら絶対に帰れないですよね。だから辞めようと思ったことは一度もなかったですね。
玉袋　あの時代の新日本で、それは凄い。
新倉　たしかにみんな逃げるんですよ。俺が新日本にいた数年間で通算50人以上脱走した記憶がありますから。
椎名　だいたい夜逃げなんですか？
新倉　後楽園や蔵前で試合があるじゃないですか。合宿所に帰ってきたら、残り番をやってるはずなのにいないんですよ。で、ご飯だけちゃんと作ってあったりとか。
椎名　仕事はちゃんとしてるんですね（笑）。
玉袋　そういう人たちはいま何をやってるんだろうねえ。ホントになんかの番組で集めたいよね。
椎名　新日本脱走兵同窓会（笑）。

「〝高崎の番長〟っていうのが前田さんにぶん殴られて、『俺がいままでの人生で喰らったなかで、いちばん強えパンチだった……』って（笑）」（新倉）

新倉　逃げたヤツの中だとアイツに会ってみたいな。俺が合宿所にいた頃、「高崎の番長」っていうのが入門してきたんですよ。
玉袋　高崎ってところがいいな（笑）。
新倉　頭にこんな剃りを入れてて、「自分は高崎に子分が500人いました」とか言って。
ガンツ　「そこんとこ、夜露死苦」と（笑）。
新倉　そうしたら俊二が、「バカ野郎！　ここでそんなこと言ったって通用しねえんだ。てめえ、痛い目にあわせてやるからな！」って。
玉袋　おー！　人間バズーカに火がついたよ（笑）。
新倉　それで練習をやらせたら、足が痛い、お腹が痛い、頭が痛いって言って、練習をなかなかやらないんですよ。

ガンツ 番長のくせに（笑）。

新倉 そのうち誰かにやられるだろうなと思って黙って見てたら、前田さんに「おまえ、ちょっと来い！」って呼ばれて。「おまえ、なんで練習をやらないんだ？」って聞かれたら、そいつが「いや、今日はちょっとお腹が痛くて……」って言って。前田さんが「練習やる気がねえのか？」って言ったら「いや、そんなことないです！」って言うから、前田さんが「じゃあ、ここでやれ！」ってスクワットをやらせたら、30か40くらいで嫌な顔をしたんですね。そうしたら、その場で前田さんに右ストレートでぶん殴られて、倒れて泣き出したんですよ。で、俺が「大丈夫か？」って聞きにいったら、倒れたまま「俺がいままでの人生で喰らったなかで、いちばん強えパンチだった……」って言ってて（笑）。

椎名 何をカッコつけてんだっていう（笑）。

ガンツ 完全に番長はマンガの読みすぎですね（笑）。

新倉 それで3日くらいしたら消えて。ボクがジャパンプロレスから全日本に参加して、高崎に巡業で行ったら会いに来ましたよ。「その節はお世話になりました」って（笑）。

玉袋 礼儀正しい番長だな（笑）。

ガンツ 元番長が〝お礼参り〟じゃなくて、ホントにお礼に来ちゃったという（笑）。

玉袋 いい話だよ〜！

新倉 ただ、相当悪いことをやってるような雰囲気でしたね。見るからにその筋の人って感じで（笑）。

玉袋 やっぱカタギにはならなかったんだな（笑）。でも当時の若手は鉄拳制裁みたいなのはよくあったんですか？

新倉 もう年中でしたね。髙田も前田さんにはけっこうやられてましたから。

ガンツ 髙田さんが門限を破って帰ってきたとき、前田さんにボコボコにされたことがあったんですよね。

新倉 そういうとき、前田さんは問答無用で右ストレートでしたね。

椎名 前田さんは右ストレートが得意だったんですね（笑）。

玉袋 振り返ってみると、寮生活は楽しかったですか？

新倉 あの4〜5年が人生の糧になってますね。

玉袋 やっぱりそうなんだ。

新倉 すべてのことが凝縮されていて、いい勉強になりましたね。もう60年生きてますけど、当時の経験がのちの人生の役に立ってますよ。

椎名 つらかった時代のことを思い出せばがんばれるってことですか？（笑）。

新倉 いやいや、そうじゃなくて（笑）。凄くいろんなことがいっぱいあったんで。おもしろいこととか、とんでもないことがいっぱい。

ガンツ　前田さんも、あの時代のことは凄く楽しそうに話しますもんね。

椎名　そうね。凄くいい思い出なんだろうなって。

新倉　髙田もそうですよ。銀座で知り合いがご馳走してくれて、髙田と飲んだことがあるんです。ちょうどヒクソン（・グレイシー）とやった頃だから全盛期。そうしたら髙田がしみじみとこう言うわけですよ。「新倉さん、昔に帰りたいですね。新弟子の頃の余計なことは何も考えずに、練習して、寝て、また練習してっていう、あの頃に帰りたいです」って。東京ドームでメインイベントを張ってる大スターがそんなことを言うから、俺は「えっ!?」と思ってね。それ以上は何も聞かなかったけど、ビックリしたんですよ。

椎名　いい話ですね〜。

新倉　やっぱり新弟子時代の思い出はみんな残ってるんですね。

「旅館に泊まった話とか巡業の旅の匂いってたまらないね。大人になっても修学旅行が続いてるんだから最高だよ」（玉袋）

ガンツ　野毛の道場と合宿所に青春が詰まってるわけですもんね。

玉袋　それは俺も一緒。浅草のフランス座での修行時代がいちばん思い出に残ってるよ。

新倉　やっぱりそうですか？

玉袋　はい。お金もないし、食えないし、ひどい状況だったんですけど楽しかったですね。

新倉　思い出がいちばん濃いんですよね。いまでも新人の頃の夢を見たりってないですか？

玉袋　ありますよ。夢では、なぜかあの頃に戻ってる。

新倉　俺なんかもあの頃の夢がいちばん多いの。これ、ホントに（笑）。

玉袋　それから時を経て、人間関係が変なふうになったとしても、あの時代を共有した者同士なら、大丈夫じゃねえかっていう気がするんですよね。本当に寝食を共にしてたわけじゃないですか。

新倉　合宿所だけじゃなくて、巡業中もそうでしたから。いまはホテルに泊まりますけど、当時は旅館だったんですよ。だいたい10畳くらいの部屋に若手が7〜8人寝て。リング屋さんも寝る部屋がないと、一緒に寝るんですよ。

玉袋　かなり密な状態だな。いまならクラスターだよ（笑）。

新倉　それで部屋の中に洗濯物のひもを張って干してね。朝までに乾かさなきゃいけないんで。

ガンツ　当時は、近くにコインランドリーもないわけですよね。

新倉　ないですよ。それで坂口さんのタイツとか、猪木さん、藤波さんのタイツを干して。

玉袋　リング屋さんもいい人たちばっかだったんですか？

新倉　みんなそうですね。リング屋さんも若い人が多いし、それでプロレスが好きじゃないですか。だからよくふざけて旅館の布団の上で、リング屋さん相手にプロレスごっこをやるんですよ（笑）。

玉袋　なんかいい感じだな。目に浮かぶね（笑）。

ガンツ　修学旅行生がやるようなことを、リング屋さんと本職の若手レスラーがやってるという（笑）。

玉袋　巡業の旅の匂いっていうのがたまらないね。もちろん、付き人の仕事とか大変なことも多いんだろうけど、旅館に泊まった話とかやっぱいいよな〜。俺たちは地方に営業行ったところで、そんなのないもん。

椎名　普通の人は、学校を卒業したらそんな楽しい世界はもうないですもんね。

玉袋　大人になっても修学旅行が続いてるんだから最高だよ。で、学生の修学旅行と違うのは、ドン荒川さんが大人の世界の遊びに連れて行ってくれたりね（笑）。

新倉　でも、それは武藤（敬司）とか蝶野（正洋）の世代ですね。ボクらの時代は、まだ荒川さんも連れて行けるような身分にもなっていないんで。

玉袋　まだタニマチもそんなにいねえ頃か。

新倉　スポンサーもそんなにいませんでしたね。SWSの頃はたくさんいたみたいですけど。

椎名　タニマチといえば荒川さんと永源遥さん、っていうイメージがありますよ（笑）。

新倉　荒川さんはSWS時代、なんで長嶋茂雄さんと仲良くなったか知ってます？　あれはサウナで声をかけたんですよ。

玉袋　サウナで長嶋さんをナンパしたんだ（笑）。

新倉　田園調布にサウナがあるんですよ。坂口さんやボクらもよく行ってたんですけど、そこに長嶋さんも来てたんです。で、荒川さんがサウナの中で話しかけて「じゃあ、今度ご飯に行きますか！」って約束して。なんとなくあのふたりは性格が合うんですよ。見ていてわかるんです。

玉袋　言葉じゃないんですね、あのふたりは（笑）。

新倉　で、長嶋さんのほうから「連絡ください」って何か渡したんですよ。そうしたら荒川さんですからすぐに電話をして、すぐに食事に行って。それから長嶋さんがどこか行くたびに一緒にクルマに乗って。

玉袋　そこらへんはね、せんだみつおと同じ匂いがするんだよ（笑）。

新倉　あー、そうかもしれない（笑）。

玉袋　せんださんも森繁久彌さんのところに行ったりとか、ミスターとも仲がいいでしょ。そんな感じで荒川さんとせんださんはダブるんだよな〜。

ガンツ　背格好も似てる感じがしますね（笑）。
玉袋　似てるしさ、グイグイ行く感じとか。
椎名　処世術が同じ感じがしますね（笑）。
玉袋　物怖じしねえっていうかさ、すっと入っていける感じがな。懐へのタックルの入り方がいいんだよ。

「カップヌードルを空港に忘れてきちゃったって、シンのドジなエピソードはなかなか貴重ですね（笑）」（椎名）

ガンツ　新倉さんたちの世代は、荒川さんに連れて行ってもらうんじゃなく、自分たちで遊びに行ってたんですか？
新倉　ボクらの遊びはもう、六本木とか新宿のディスコによく行ってましたよ。ボクと高田と仲野の信ちゃん（仲野信市）、俊二とかで。玉袋さんも知ってる店だと思うんですけど、新宿二丁目からちょっと離れた芸能人の方がいっぱい行ってたところで、なんて言ったかな……。
玉袋　『KON』？
新倉　あっ、そうそう、『KON』！　あそこによく行ってたんですよ。玉袋さんも行ってました？
玉袋　いや、ボクはその頃、まだそこに行けるお金がなかったんで。でも、そこ出身の芸人はけっこういますよ。
新倉　いっぱいいますよね。ウガンダさんとか。
玉袋　あとはブーマーとか。
新倉　ブラザー・コーンさんもあそこですよね？
玉袋　そうです、そうです。
新倉　コーンちゃんも（佐々木）健介のパーティに来ていて、「コーンちゃん、ひさしぶり！」って再会してね。もともとは『KON』で知り合ったんですよ。
玉袋　そうだったんですか？　へえ～！　じゃあ、俺が新宿で見かけたコブラは『KON』帰りだったんだな（笑）。
新倉　あそこによく行ってたんですよ。で、あるときに（ディック・）マードックが控室で「飲みに連れて行け！」って言い出して。いつもかわいがってもらってたんで、俺と俊二で『KON』に連れて行ったんですよ。そうしたらマードックが次から東京にいるときにひとりで行くようになって、勘定をすべて俊二につけてたんですよ（笑）。
玉袋　いい話だな～（笑）。
ガンツ　新倉さんは外国人係もやられてたんですよね？
新倉　やってました。
玉袋　それは任命されるんですか？
新倉　ボクは坂口さんの付き人が長かったんですよ。それで坂口さんは中盤の試合に出ることが多かったから、その後は付き人の仕事が空くんで、興行の後半は外国人の誘導係をよくやってたんです。だからボクは外国人控室もフリーパスで入れたので、ガイジンとツーカーになってね。メインの試合後にガイジンがリングで大暴れしたとき、止めにいく役はだいたいボクですよ。止めに行って、ぶん殴られて、蹴散らされるっていう役を（笑）。

椎名　あれって、やっぱりガイジンと気心が知れた若手がやられてたんですね（笑）。

新倉　そう。前田さんも外国人係をやってたんで、よく止めにいってぶん殴られて。

ガンツ　スタン・ハンセンが負けた腹いせで若手に放つ、ウエスタンラリアットの餌食になったりしてましたよね（笑）。

新倉　あれをやられるのは、前田さん以外だと俺と小杉（俊二）、あと真面目な平田（淳嗣）さんや保永（昇男）さんとかね。髙田なんかは絶対に上がらなかったから（笑）。

ガンツ　ちゃんと止める人が決まってたんですね。

新倉　だからガイジン選手にはかわいがってもらいましたよ。マスクド・スーパースターなんか、のちに自分の店にも来てくれましたしね。

玉袋　それは最高だな。

新倉　あとボクはアンドレ・ザ・ジャイアントにもけっこうかわいがってもらったし。タイガー・ジェット・シンなんか、プエルトリコ遠征に行っていたとき、わざわざ日本からカップヌードルを1ケース持ってきてくれたんですよ。あのシンが。

玉袋　えーっ⁉

新倉　考えられます？（笑）。

玉袋　全部カレー味だったとか、そんなことはないか（笑）。

椎名　インド人もびっくり（笑）。

新倉　ただ、持ってきてくれたのはいいんだけど、空港に忘れてきやがって。結局、空港に取りにはいかなかったんだけど。

椎名　シンのドジなエピソードって、なかなか貴重ですね（笑）。

新倉　あれは馬場さんの奥さんが持たせてくれたんですよ。全日本のシリーズに出たあと、シンが「プエルトリコに行く」って言ったら、ちょうどボクと馳が馬場さんの斡旋でプエルトリコに行ってたので、シンに「悪いけど、これ新倉くんと馳くんに持って行ってくれる？」って頼んだらしいんです。それでシンもわざわざプエルトリコまでカップヌードル一箱持ってきて。

椎名　それなのに空港で忘れちゃったんですか（笑）。

新倉　あのときはガッカリしましたよ（笑）。

「仕掛けてきたアレンに坂口さんが怒って、試合後にガイジン控室で揉めてるのをダスティ・ローデスが止めてるんだから」（新倉）

玉袋　巡業中にオフの時間とかあるじゃないですか。そのと

きはガイジンとは完全に別行動ですか？

新倉　中洲で俺が案内したことがありますよ。マードック、マスクド・スーパースター、あとスティーブ・トラビスの3人と中洲でバッタリ会って。「俺たちはランチを食いに行く。おまえもランチか？」って言うから、「そうだ」って答えたら「じゃあ、案内しろ」って言われて。それで無難にちょっといい中華料理屋に連れて行って。いまでも憶えてるけど、マードックは餃子3人前とビール、スーパースターとトラビスは定食を食ってましたね。マードックは昼間からビールを飲んで餃子ですよ。

玉袋　マードックはその頃から『町中華で飲ろうぜ』をやってるわけだよ（笑）。

椎名　餃子とビールっていうのが、「わかってるな〜」って感じですよね（笑）。

玉袋　そりゃ、わかってるよ。銭湯帰りのオヤジと一緒だもん（笑）。

ガンツ　生きていたら、マードックで1本番組が作れましたね（笑）。

玉袋　惜しい方を亡くしたよな。

新倉　あと、アンドレにもけっこうかわいがってもらってて。これ書けないかもしれないけど、アンドレって身体がデカイからイチモツも凄いんですよ。

玉袋　やっぱデカイんですか？

新倉　それで日本人の彼女がいたんですよ。

玉袋　あっ、そうらしいですね。

新倉　知ってますか？

ガンツ　ミスター高橋さんが言ってましたね。

新倉　京王プラザホテルに毎回来てて。「大丈夫かな？」って思ってましたけどね（笑）。

ガンツ　日本人女性は普通サイズですか？

新倉　むしろ小柄だったんですよ。

ガンツ　へえ〜！　凄いですね（笑）。

玉袋　マイティ井上さんも言ってたじゃん。アンドレと飲みに行ったら、スナックのママがヒザの上に座ってて、腹話術の人形みたいだったって（笑）。やっぱりアンドレはガイジンの中でもボスだったんですか？

新倉　ボスですね。それで違う形のボスがマードック。マードックはベイダーなんかも子ども扱いですよ。

椎名　リングではお尻ペロンしてるのに、裏ではボスっていうのが「カッケー！」って感じですね（笑）。

新倉　パット・タナカが来たときに「外国人の中で誰がボスなんだ？」って聞いたら、「テリー・ファンクとディック・マードックだ」って言ってましたから。

椎名　テキサスラインだ（笑）。

新倉　「とにかくマードックは強い。誰も逆らえない」って言ってて。だからアンドレもちょっと立てていたんじゃないかな。

玉袋　あるとき、アンドレが人種差別的なことを言ったら、バッドニュース・アレンが怒ってっていう話を聞いたことがあるんですけど。

新倉　アレンもけっこう気が強かったですからね。坂口さんと揉めたこともありますからね。

玉袋　坂口さんはマッチメーカーじゃないですか!?

新倉　シリーズ最終戦で自分がいい扱いをされないと、おもしろくないからアレンが仕掛けたりするんですよ。

玉袋　えっ、そんなことするんですか!?

新倉　アレンは坂口さんがナンバー2だってわかってたんで、蔵前で坂口さんをからかうようなことをしたんですよ。そうしたら坂口さんも元柔道日本一だし、これはちょっとヤバイなと思って。

玉袋　アレンも柔道で銅メダリストですよね。

新倉　それで坂口さんも納得いかないんで、「ちょっと来い！」って言って。ひとりで行けばいいのに、付き人だったから俺も連れて行くんですよ（笑）。

ガンツ　坂口さんが新倉さんを引き連れて、ガイジン控室に乗り込んでいくわけですか（笑）。

新倉　試合が終わったあとにガイジン控室にそのまま直行して、ドアをバーンと開けて、そっから言い合いになってね。それをダスティ・ローデスが止めてるんだから。

玉袋　アメリカン・ドリーム！　ずいぶん豪華な仲裁役だな（笑）。

新倉　俺が止めたケンカもありますよ。バスの中で栗栖（正伸）さんと小沢さん（キラー・カーン）がケンカをして。

ガンツ　それって、栗栖さんがうしろからカーンさんの頭をスリッパで叩いたんでしたっけ？（笑）。

新倉　いや、なんか些細なことでケンカになって、誰も止めないんですよ。長州さんも永源さんも。決局、俺が小沢さんを止めて、（アニマル）浜口さんが栗栖さんを止めて、なんとかなったんですけど。どっちかが血を流してましたからね。

「新倉さんの世代って、先輩も藤原さん、栗栖さん、荒川さん、浜田さんと、一癖も二癖もある人たちが揃っていた時代ですよね」（ガンツ）

ガンツ　あと藤原組長とカーンさんがケンカして、シングルマッチがセメントになっちゃったことがあるんですよね？

新倉　あれは目の前で観ましたよ。

玉袋　俺たちは組長とカーンさん双方からその話を聞いたよな。組長が、リングに上がる階段を逆さに引っかけたってやつ。

新倉　そうそう！　藤原さんが小沢さんのことをコケにしてましたから。「ニューヨークで名が売れたからって、日本に帰ってきたらたいしたことねえんだ、この野郎」って、藤原さんが俺らの前で言うんですよ。で、ちょうどセコンドやる若手もいなくて、誰かが「藤原さん、階段を出してもらえますか？」って頼んだんだったかな。そうしたら藤原さんが「しょうがねえな」って言いながら階段を逆さにかけて。

玉袋　完全に仕掛けてるよ〜。

新倉　それで小沢さんがリングに上がろうと思ったら、階段がそんなふうになってるし、まわりを見たら藤原さんしかいないから「藤原がやったんだな」と。それで次の日にホテルで小沢さんが藤原さんに文句の電話を入れたんですよ。「おまえ、なんであんなことをするんだ？　俺はニューヨークでトップだったけど、会社が『帰って来い』って言うから帰って来たんだ。それなのにあれはねえじゃねえか。だからおまえはいつまで経っても前座で……」って言ったらいけないことを言うんですよ。

玉袋　カーンさんはすぐ口に出しちゃうんだよな。

椎名　ナチュラルに自慢が出て神経を逆撫でするという（笑）。

新倉　そうしたらその日の対戦カードが、カーンvs藤原なんですよ（笑）。

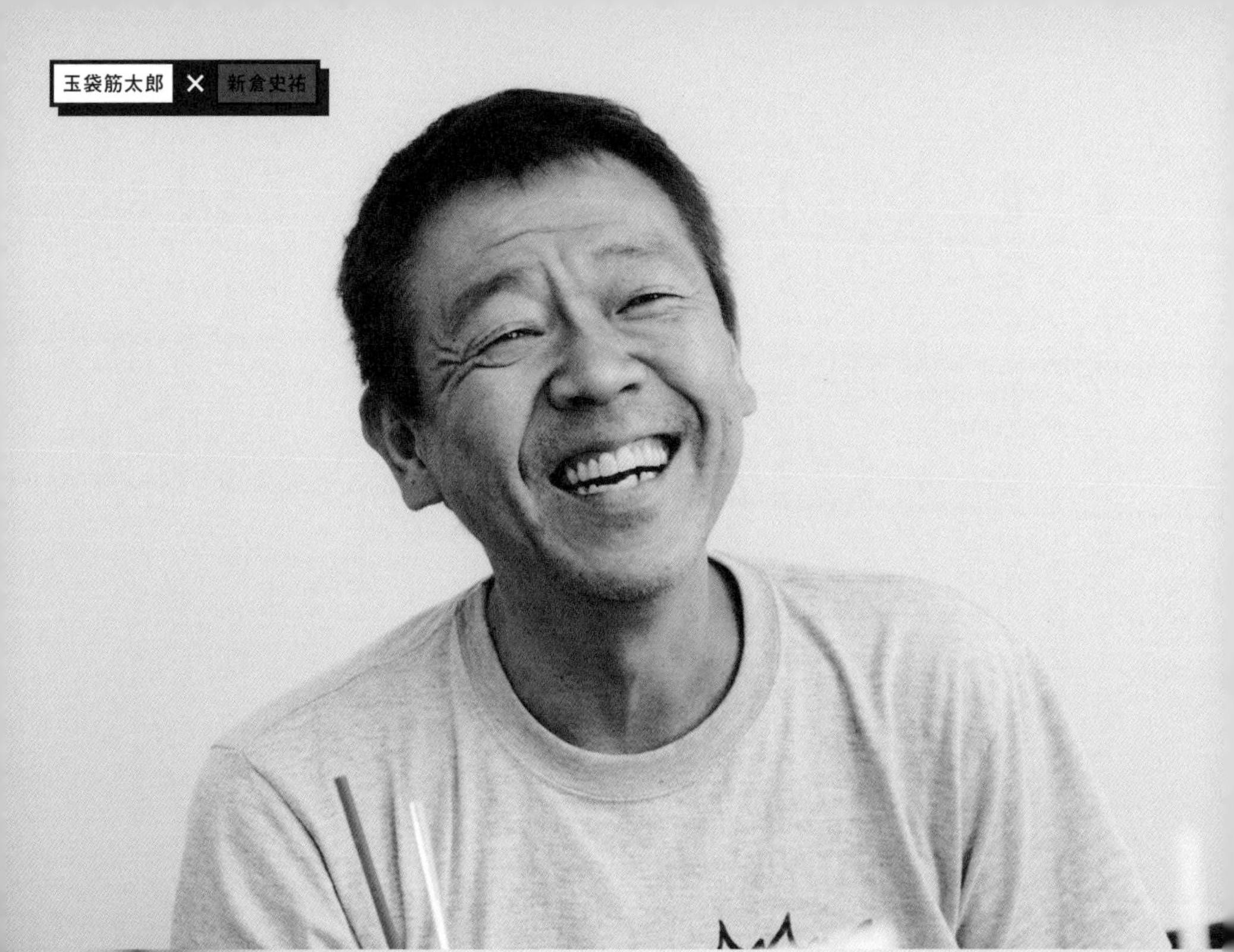

玉袋　やべえ、やべえ。

ガンツ　その坂口さんは知っていて組んだんですかね？

新倉　いやいや、知らないですよ。本当にたまたまなんですけど、藤原さんが当日の対戦カードを見たら、合同練習をやらずに体育館の裏でボクシングの練習ばっかりやってたんですよ。それを見て「あっ、これは今日やるな」と（笑）。

椎名　そんなに殺気が漂っていたんですか？

新倉　もう若手はすぐにわかってたんで。それで案の定、試合になったら藤原さんがボッコボコに殴りにいったんだけど、小沢さんも頑丈なので、藤原さんの手の骨にヒビが入っちゃってね。

玉袋　そうなると試合も成立しなくなるんじゃないですか？

新倉　それで控室から観ていたマサ（斎藤）さんと長州さんが出てきて、試合を終わらせるために乱入しましたね。

椎名　ああいう不穏試合は誰かが止めるしかないんだね。

ガンツ　前田vsアンドレとか、橋本vs小川は、誰も止めないから続いちゃいましたね。

玉袋　そうだったな～。結局、その後のふたりはどうなったんですか？

新倉　何日かして俺は見ちゃったんですよ。小沢さんが謝りに行ってるの（笑）。プライドがあるから誰からも見られたくないでしょ。だから裏のほうで「藤原、悪かった……」って（笑）。

玉袋　いいね～。まあ、いまはもう水に流してるからね。

新倉　仲いいですか？

玉袋　新大久保の『居酒屋カンちゃん』で和解の酒を飲んでましたよ。

新倉　そうだったんだ。

玉袋　お互いに「当時は若かった」って言ってたね。

ガンツ　新倉さんの世代って、先輩も藤原さん、栗栖さん、荒川さん、（グラン）浜田さんとか一癖も二癖もある人たちが揃っていた時代ですよね。

玉袋　すげえメンバーだよ。意地が悪い先輩なんかもいました？

新倉　意地が悪いのは剛竜馬！　あの人は最悪ですね。

玉袋　剛竜馬の名前もよく出てくるよな～（笑）。

新倉　人間的に嫌でしたね。自分は殿様みたいになんか勘違いしてるんで。それで借金しまくって俺のところにも電話がかかってきましたけど。まあ、もう亡くなっちゃった人だから、あんまり言うのもなんだけど、大嫌いでした。

玉袋　マイティさんは「アイツは子どもだ」って言ってたな。

新倉　有名な話があって、馬場さんが「おい、マイティ。剛竜馬をウチで使おうと思うんだけど、どういうヤツなんだ？」って聞いたら、井上さんが「いや、やめたほうがいいですよ、馬場さん。最悪ですよ」って言ったっていう（笑）。

玉袋　そこまで言われる剛竜馬さんがすげえよ（笑）。

「ブッカーだったKさんは俺のことがおもしろくなかったんだろうね。いきなり第1試合に落とされて、移動もグリーン車から普通車」（新倉）

新倉　あと、ボクがいちばん嫌な思いをさせられたのは、SWSのブッカーだったK！

椎名　えっ!?　ブッカーK？（笑）

ガンツ　川崎浩市さんとは別人のブッカーKですね（笑）。

新倉　これはSWS時代の話なんだけど、メガネスーパーの田中八郎社長は、企業のトップだから全体会議とかをやるのが好きだったんですよ。それでメガネスーパー本社にレスラーを全員集めて、SWSをよくするために意見を出し合おうってことをやったんです。

ガンツ　メガネの支店長を集めての会議みたいなことを、レスラーでもやってたんですね。

新倉　そうそう。そういうことをやりたがるんですよ。で、そこでボクも意見を出したんです。SWSって選手が入場する前に、リングアナウンサーが「赤コーナー、〇〇〇パウンド、新倉史祐〜！」ってコールして、そのあと両選手が同じ一本の花道から入場してくるんですよ。でも「それじゃあ、プロレスをよく知らない人は、たとえばどっちが新倉で、どっちがアポロ菅原かわからないんじゃないですか。リングに上がってから両選手をコールしたほうがいいと思いますよ」って言ったんですよ。それで田中社長か社長の奥さんが「じゃあ、考えておきます」となったんだけど。入場前にコールするっていうのは、Kさんの案だったらしいんだよね。

ガンツ　マッチメーカーが出したアイデアだったと（笑）。

新倉　それを否定されたのがおもしろくなかったのか、次の大会から俺は第1試合ですよ。

椎名　あからさまですね（笑）。

新倉　それまでは4試合目か5試合目が多くて、たまに天龍さんとぶつかるようなうしろのほうの試合にも出ていたのに。旗揚げした頃、田中社長が俺の試合を凄く気に入ってくれてね。横浜アリーナでやった（将軍KY）ワカマツさんとの試合、憶えてます？

ガンツ　SWS旗揚げ戦で、新倉さんがワカマツさんをパンチでボコボコにした試合ですよね（笑）。

新倉　そう。ずっとボクシングの練習をしてたから、その成果を見せようということでボコボコにしちゃったんだけど。あのとき、田中社長がギャラのほかに20万円くれたんですよ。「キミの試合がいちばんよかった！　ボクはああいう試合が好きだからね」って。

ガンツ　田中社長は、UWF系とか格闘技志向の激しい試合が好きなんですよね。

新倉　そうそう。で、その前にプレ旗揚げ戦が福井であったんだけど、俺は俊二とトーナメントかなんかで当たって、あのときも社長が10万円くれたんです。「キミの試合がいちばんよかった！」って。あのとき俺は俊二とUWFみたいな試合をやったんですよ。俊二も新日本出身だからちょっとできるじゃん。田中さんはああいう試合が好きだったから。

椎名　もともとはUWFを中心とした団体をやりたかったって言いますもんね。

新倉　だから俺も、脇固め、アキレス腱固め、パンチとかいろいろ出したんだけど、そうしたら田中社長が凄い喜んでくれて、試合もうしろのほうにしてくれてたんだけど。会議のときに「新倉くん、何か意見は？」って聞かれたんでそれを言ったら、ブッカーだったKさんは俺のことがおもしろくなかったんだろうね。いきなり第1試合に落とされて、移動もグリーン車から普通車ですよ。

玉袋　えーっ!?　そりゃないな〜（笑）。

新倉　それも俺ひとりじゃかわいそうだからって、俺と鶴見五郎さんが普通車になって（笑）。

ガンツ　なぜか鶴見さんまで連帯責任で（笑）。

新倉　鶴見さんに悪いことしたなと思ってね。それから俺はいつも菅原さんと第1試合にされて。もう黙ってましたね。結局、後半になるとあまりにもマッチメイクがよくないってことで、Kさんはブッカー外されてね。要するに偏ってて、うしろの試合は全日本の人ばっかりなんですよ。で、藤原組が来て対抗戦になれば、俺や佐野（直喜＝現・巧真）とかしかやる人がいなくて。「なんで全日本の人はやらないのかな？」って。

玉袋　やったらやったで、鈴木みのるvsアポロ菅原みたいなことになったりね。

新倉　水と油なんですよね。それで最後の頃、ブッカーが石川（孝志）さんに変わってから、急にまたうしろのほうでカードが組まれるようになったんだけど、その2〜3カ月後にはSWSが崩壊しちゃったからね。

玉袋　SWSは早かったよな〜。

（※ここで新倉の携帯電話が鳴る）

新倉　あっ、ごめん。ちょっと電話出ていいかな？

玉袋　どうぞどうぞ。話してください。

新倉　じゃあ、ちょっと待っててください。

（※しばらく電話をして戻ってきて）

新倉　申し訳ない。家族が急に体調悪くしちゃって、病院連れていかなきゃいけないんだけど。これくらいでいいかな？

玉袋　えっ、そうなんですか!?　じゃあ、行ってください。

新倉　これくらいで内容まとまる？

ガンツ　大丈夫です。ただ、まだジャパンプロレスや、プエルトリコ、カルガリー時代の話までいってなくて、ＳＷＳもさわりだけだったので、また後日、あらためて続きをやらせてもらっていいですか？

新倉　こっちはかまわないけど。二度手間になっちゃって悪いね。

玉袋　じゃあ、この続きはまた次回お願いします！　カネックに続く、新倉敵前逃亡事件にはしませんよ！（笑）。

自己投影観戦記 できれば強くなりたかった

第102回 プロレスデザインマスクがほしい

椎名基樹

椎名基樹（しいな・もとき）1968年4月11日生まれ。放送作家。コラムニスト。

コロナ禍の中の生活となって、早くも半年が過ぎようとしている。ここで私個人のコロナの影響による生活の変化をまとめてみたい。社会活動を停滞させるマイナスの出来事というものはまったく困ったものだけれど、それによって生まれた時間は、自分自身や生活態度を見直す契機となり、また意外な方向に前向きな気持ちが生まれ、新たな楽しみを見出したりするものだ。

ベランダにアルミ製のベンチを設置した。ベランダといっても我が家は古いマンションなので、幅も狭く優雅にくつろぐことなどできないけれど、眼下にあるのがマンションの駐車場なので、ベンチは人目につかず、ストレスフリーでそれなりの居心地のよさなのだ。

今年の6月7月の梅雨の時期は、異常に涼しい日が続き、比較的湿度も低かったので、野外が心地よく、その時期は毎日薄暮の時間に、ベンチで晩御飯を食べながら酒を飲んでいた。ベランダ宴会がちょっとしたマイブームだった。いま（8月）は夜になると湿度が高くて居心地が悪くなってしまったが、秋になったら「月見で一杯」としよう。

ＹｏｕＴｕｂｅのギターレッスン動画でクラプトンの『Ｈｅｙ Ｈｅｙ』をマスターした。せっかく自粛期間で時間がたっぷり余っているのだから、何か新たなことを身につけたいと思った私が選んだのが、ギターの新曲の習得だった。もっと自分の仕事に関係したものにしろっつーの。

ギターはもともと15年前くらいに、けっこうトシをくってからＹｏｕＴｕｂｅを使って弾けるようになった。やり始めた頃は夢中になっているので、ある曲をマスターしたら次の曲というふうに練習していたものだった。

しかし、このＹｏｕＴｕｂｅでギターをマスターするというのはなかなかのストレスなのだ。当たり前であるがＹｏｕＴｕｂｅの「先生」に画面に向かってわからないところを質問したところで、返答してはくれない。「生徒」は何度も動画を巻き戻して、先生の指の位置や弦の弾き方を確認して、実際に（ろくに弾けない曲を）自分で弾いてみて音が合っているか耳で確認するしかない。まったく遅々として進まない。

だからもう何年も新しい曲をＹｏｕＴｕｂｅでマスターするようなことはしていな

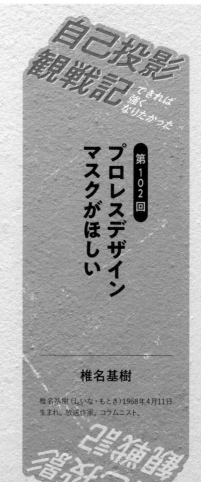

かった。今回、意を決して新曲に挑んだ。予想通りのストレスだった。何度もハッキョーしながら、動画先生に一晩中罵声を浴びせながら何とか2日がかりで『Hey Hey』が弾けるようになった。いちど弾けるようになれば指はなかなか曲を忘れない。弾ける曲が増えるとギターを触る楽しみが増すので、とても得した気分になる。

次は長年の念願だった「包丁研ぎ」をマスターすることにした（だから仕事に関係したことをしろっつーの）。包丁が切れなくなると、近所のスーパーマーケットのホームページで包丁研ぎの職人がやってくる日をチェックして、スマホのカレンダーアプリにその日を入力して通知してもらい、やっとこさ包丁を鍛え直してもらっていた。たかが包丁だが非常に面倒だった。

ネットで入念にチェックして研ぎ石を購入。これまたYouTubeの包丁研ぎのレッスン動画を参考にして挑戦してみた。包丁研ぎの職人のようには仕上がらないが（見た目が全然違う）切れ味だけならまったく問題ない程度に研ぐことができた。さらにこれは最初から予想していたのだが、包丁研ぎは私好みで非常におもしろかった。ハマる。

私は「FGノット」という釣りのライン同士を結束する方法もYouTubeで覚えた。もう「YouTube先生」である。ジョン・ジョーンズはMMAの技をYouTubeで覚えたと発言して話題になったが、本当にYouTubeはなんでも学べる。本当にありがたいアーカイブである。

ところで、私はいま毎日のように釣りに出かけている。去年もそうだった。コロナによる自粛生活と言いながら、今年も去年もほとんど変わらぬ自粛生活ではないか。まぁいいか。

最近ハマっているのはマスクのネットウィンドウショッピングだ。さまざまなアパレルの会社が競って感染防止用のマウスマスクを発売しているので、刺激されてすっかりマスクほしい病にされてしまった。

そこで思ったのが、在野の「プロレスマスク職人」にぜひ感染防止用のマウスマスクを作ってほしいということだ。世の中には非常に高いクオリティでプロレスマスクを製作する「裁縫男子」がけっこういるのだ。

調べてみると、浜松のプロレスマスクを製作している「PUKUPUKU工房」が感染防止用マスクを販売している。クオリティも非常に高そうであり、カラーバリエーションも豊富だ。カモフラージュの柄ほしいなぁ。

しかし、私が求めているのはもっとプロレスに寄ったマスクなのだ。有名マスクマンの「鼻と口の部分」のデザインがプリントされたマウスマスクがほしい。マウスマスクの形で元のプロレスマスクのデザインをバシッと裁断した柄がほしい。まず第一弾は白地にゴールドで、ミスティコバージョンでいかがでしょう？ 緑地に黄色で派手めのフィッシュマンもいいなぁ。

KAMINOGE
LISTEN TO POWER HALL

一枚岩にヒビが!?
娘婿・慎太郎に疑いの目を向ける長州!

長州力

［吉田光雄］

「慎太郎夫婦って仲いいのかね？　俺はまだアイツのことはまったくわかんなくて、ちょっとミステリアスな部分がある。でもまちがいないのはアイツは意外と女性が好きなタイプだよ。山本、マジでやってみてくんない？　慎太郎にハニートラップ」

収録日：2020年8月14日　撮影：タイコウクニヨシ　聞き手：井上崇宏

「いまキャビンアテンダントさんたちがUber Eatsでバイトをやってるって本当なのかね?」

長州　おっ、山本くん、ひさしぶりだね！

――そうですね。1号とばすと、もうなんだかおひさしぶりですという感覚になりますね（笑）。

※あらためて説明しよう。長州さんは長年、聞き手の井上のことをどこでどう間違えたのか、ずっと"山本"と呼んでいるのだ！

長州　まあ、ビールでも飲んで。氷を入れちゃうから泡立つけど。

――すみません、いただきます！

長州　山本、聞いてくれ……。最近、またでかい問題をふっかけられてんだよ、俺……。

――えっ、何かあったんですか？

長州　（娘婿の）慎太郎んとこが、一軒家を買うとか買わないとかの話になってさ、俺はもう触りたくないって。「そんなの、おまえがなんでも決めないとダメだろ。そんなんじゃ、いつまで経っても大黒柱になれねえじゃねえか」って言ってんだよ。ホントにしばき倒してやろうかなと思って……。

――長州さんも悩みが多いですねえ。

長州　あ？　どうせ真剣に考えちゃいねえだろ。

――いやいや、ボクが真剣になってもしょうがない話じゃないですか（笑）。

長州　何が「悩みが多いですね」だ。あっ！　俺、知らなかったんだけど、慎太郎とクルマに乗ってるときにたまに山本の話をするんだよ。「山本くんと最近会わないな」って。そうしたら慎太郎が「いや、山本さんはいろいろと仕事をやっているので忙しいみたいですよ」って。「えっ、山本は『KAMINOGE』でどうでもいいことを書いてるだけじゃないのか？」って。

――どうでもいいこと！　その通りです！（笑）。

長州　「いや、山本さんはほかにもいろんなことをやってるんですよ」って言うから、「えっ、そうなんだ？」って。俺に隠れてこそこそと何をやってるんだよ？

――いろんなことをやらないとメシが食えないんで……。

長州　いや、べつにいちいち「長州さん、いまはこんなことをやっております」だなんて俺に報告する義務はないけども。山本も言うつもりはないだろ？

――そうですね。まったくそのつもりはないですね。

長州　なあ。でもな、俺は山本のことを親身に思ってひとつだけ言っといてやるよ。三又（又三）とだけはつるむなよ？自分の見え方っていうのは常に気にして行動したほうがいい。それだけは言っとくよ。

——なかなか鋭い指摘ですね……。わかりました、三又又三とだけはつるまないようにします。

長州　なあ。そのへんは自分でマッチメイクしていかないと。あとは忙しくしていて、いろんなとこを走り回ってるんだろうけど、くれぐれもコロナにだけは気をつけて。（急に小声になり）山本くん。

——はい？

長州　俺、思ったんですよ。これね、もうアレだよ。これから人類はずっとコロナと並行して生きていくしかないんじゃないかって。年寄りなんかがインフルエンザでも死んじゃうって言うけど、80歳以上は普通の風邪でも逝っちゃうってパターンが多いらしいんだよな。でもコロナはそれと同じくらいか、むしろ低いくらいなんだって。

——断然低いですよね。だって、年間で餅を喉に詰まらせて死ぬ人のほうが全然多いって言うんですから。

長州　マジかよ。じゃあ、「今日、東京都内で餅を詰まらせて飛んでいった数は何人です」ってテレビはやらなきゃいけねえじゃん。「濃厚接触を避けましょう」って言ったって、そんなもん、どうせみんな首投げを打つ（←各自調査）ほうの濃厚接触だろ。どんなにお固い仕事をやっている人間だって、首投げを打たなきゃやってらんないわけだから。役所の人間だろうが、それは。

——すぐやる課（笑）。

長州　これも慎太郎に聞いたんだけどさ、いま飛行機のフライトがめちゃくちゃ減ってて、キャビンアテンダントさんたちがしょうがないからってことで、Ｕｂｅｒ Ｅａｔｓとかで宅配のバイトをやってるって。本当なのかね？

——それは初耳ですね。

長州　だから最近、谷ヤン（長州のマネージャー）が腹も減ってねえのにＵｂｅｒ Ｅａｔｓでいっぱい食い物を注文してるって聞いたんだよな。

——ええっ？（笑）。でも注文してみたところで、キャビンアテンダントさんが持ってくるとは限らないじゃないですか。

長州　いや、谷ヤンってその０・０１％くらいの確率で勝負する男なんだよ。「もしかしたら今度こそは……」って。まあ、感覚はギャンブル中毒者に近いもんがある。

「そういえば俺、山本の携帯番号が見当たらないんだよな。なんか勝手に消える機能みたいなやつがあるの？」

——長州さんのまわりってロクでもない人間ばっかりですね（笑）。

長州　バカッ！　まあ、慎太郎も意思が弱い部分があるけど、

だけどな、これは義理の親として言うことじゃないけど、アイツ、あっちのほうは意外と強そうだと思わない？

――えっ、性欲がですか？（笑）。

長州　バカッ！　そんなはっきりと言うんじゃないよ。たとえばさ、俺らがもしアイツに仕掛けてさ、街で女性に「あら、お兄さん。いい男ね。ちょっと一緒に遊ばない？」なんて声をかけられたら、まちがいなくついて行くと思うんだよ、アイツは。

――お姉さん、声のかけ方が完全に昭和ですね。絶対に怪しい（笑）。

長州　いや、山本、マジでやってみてくんない？　慎太郎にハニートラップ。

――ええっ？　いや、やってもいいですけど……どういう結果になってもボクは知りませんよ？（笑）。

長州　だからもう、アイツがズボンを脱いだところでバババーンって突撃しろよ。ションベンちびるだろうな、アイツ。そうしたらもう、一生俺の奴隷だよ（笑）。

――怖いことを言わないでください（笑）。

長州　もしくはまったくこたえないか。「えっ、山本さん、どうしたんですか？（キョトン）」みたいなさ（笑）。

――慎太郎さんっていまいくつでしたっけ？

長州　33とかか。とにかく男盛りだよ。あんなに小さな身体して。

――男盛り（笑）。

長州　男盛りだから、いま一軒家を買うか、それともマンションに住むかって考えてるんだよ。マジで真剣になってる。35年ローンって、35年後、おまえはいくつなんだって（笑）。

――70手前ですね。むしろ早いくらいじゃないですか？　でも、まあ一般的にはそんなもんですけどね。

長州　アイツも70になってもまだ男盛りってことはねえだろ。いまの俺ぐらいの歳だぞ？

――じゃあ、ありえない話でもないですね。長州さんはまちがいなく100歳まで生きるでしょう（笑）。

長州　ところでこれは録音してるの？

――えっ？　そうですね、録音させていただいてます。

長州　そういえば俺、山本の携帯番号が見当たらないんだよな。なんか勝手に消える機能みたいなやつがあるの？

――いえ、ボクは長州さんとは電話番号を交換していませんね。

長州　あっ、そうなのか。じゃあ、いま教えて。

――いえいえ、そんな。ボクごときの電話番号なんて。

長州　あ？　なぜ拒む？　そうやって俺の注いだビールまで飲んでおいて。

――いや、拒んでいるわけではないですけど……。長州さん、番号の登録の仕方はわかりますか？

長州　なんとなくわかる。何番？

——あっ、はい。いいですか？「〇〇〇－〇〇〇〇－〇〇〇〇」です。

長州　よしっ。じゃあ、これからはＵｂｅｒ Ｅａｔｓの代わりに山本に宅配してもらおう（笑）。

※告白しよう。じつはこのとき、三又又三の携帯番号を教えたのだ!!

長州　山本、最近誰かの取材したの？

——あっ、こないだ西村知美さんにインタビューしてきました。

長州　えっ。おまえ、なんで西村のとこに行ったの？　なんの用事で？

——えっ、長州さんって「西村」って呼ぶような仲なんですか？　あっ、いやいや、西村修じゃないですよ？　西村知美ですよ。

長州　ああー。西村知美って俺、たしか前に沖縄で一緒に仕事したことがあるな。同じ山口の出身だろ？

——そうです、そうです。たしかに旅番組でご一緒したっておっしゃってましたね。

長州　おお、そうだよ。なんか、これは書いていいのか悪いのかまったくわからないんだけど、俺の携帯にしょっちゅう「西村知美」って入ってくるんだよな。なんだあれ？

「沖縄に行きたいな。沖縄じゃなくてもいいから海が綺麗なところに行きたい。なんかもう夏も終わりだね」

——どういうことですか？

長州　いや、「お知り合いかもです」みたいなやつで、いつも「西村知美」って。まあ、お知り合いといえばお知り合いなんだろうけど、それをなんで携帯が知ってるんだって。俺はいつも不審に思ってたんだよ。

——あっ、それＬＩＮＥですかね？「知り合いかも？」ってところに電話番号とかを知ってる人が表示されるんですよ。長州さん、西村知美さんの電話番号を知ってるってことじゃないですか？

長州　あ？　いや、番号を交換したかどうかすらもわかんない。ほんっとだよ、おまえ。変に思うなよ？

——まったくなんにも思ってないですよ（笑）。

長州　バカタレ！　俺に向かって女性関係なんかでああだこうだって、詮索するなよ？　まあ、ちょっと飲め！（笑）。

——はい、いただきます。

長州　でも西村さんはいい人だよ。今度会ったら言っておいてよ。「長州さんが携帯の使い方がよくわからず、いつも西村さんのお名前が出てきて悩んでる」って。

――わかりました。

長州　あの人、仕事が終わったあとに空港で俺におみやげをくれたんだよ。凄くいい人。

――あの人はいい人ですね。西村修さんもいい人ですか？

長州　バカタレ！　西村さんとは仕事のときも話が盛り上がったんだよな。

――お話をされるのが大好きですよね。

長州　うん。ただ……もの凄くよくしゃべるよな。口数が多いというか、ちょっと話すともうしゃべりが止まらないんだよね。

――それで「私は浮気オッケーなんですよ」って言ってたんですよ。

長州　あ？　まあ、1回ぜひ連絡してくださいって言っといて。

――いやいや、長州さん、違いますよ。「旦那が浮気をするのはオッケー」って言ってたんですよ。

長州　バカタレ！　そういうつもりで連絡してって言ったんじゃないよ。

――すみません。山口県出身の人ってどこか共通点があるような気がするんですよね。

長州　あ？　まあ、佐山（サトル）も山口だよ。でも、俺は自分のことをマッチメイクしてるって言ってんじゃん。俺は天然とかそういうアレじゃねえからな。

――山下真司さんも山口県ですよね。

長州　いや、あの人もちゃんとマッチメイクをしてるよ。だからまあ、西村さんだけじゃない？　本当にアレっていうのは。とにかく凄いしゃべり倒す。

――「お仕事でご一緒させていただいたとき、長州さんには凄くやさしくしていただいて」って言ってましたよ。

長州　バカタレ！　こんな顔して、さらに怖かったらどうするんだよ（笑）。あ〜、沖縄に行きたいな。沖縄じゃなくてもいいから海が綺麗なところに行きたい。なんかもう夏も終わりだね。

――あっという間に終わりそうですよね。

長州　まあ、あと4〜5日は大丈夫だ。そういや俺、ひょっとしたらだけど伊豆に引っ越すかもわかんない。

――えっ、本当ですか？

長州　俺と家内で。魚釣りもできるし、いいんじゃないかと思って。

――めっちゃいいじゃないですか。

長州　ここから伊豆までそんな遠くないし。

――いや、わりとかかりますよ。

長州　1時間ちょっとだろ？

――いや、もっとかかりますよ。2時間以上は余裕でかかる

と思います。だから、あっちのほうに住んじゃうとなかなか仕事の移動とかも大変そうですね。

長州　まあ、そんなのは毎回、慎太郎が送り迎えをしてくれりゃいい話だから。

――シャトルバスじゃないんですから。まあまあ、距離がありますよ。

長州　じゃあ、慎太郎は前乗りだな（笑）。山本も泊まりがけで遊びに来て、夜中に一緒に慎太郎にハニートラップを仕掛けるか。

「ジャニーズっていっても誰もわかんない。知ってるのはTOKIOとマッチと、東山（紀之）くらい。あとはイノッチさん！」

――長州さん、それ、わりと本気で考えてますよね（笑）。だけど伊豆に越してもいいってことは、夫婦ふたりきりになってもいいってことですよね。仲がいいんですね。

長州　おかしなこと言ってるな。仲が悪かったら一緒にいないだろ。

――ふたりきりでの会話ってけっこうあります？

長州　あ？　ウチはもう凄いよ。最後は疲れ切って、どっち

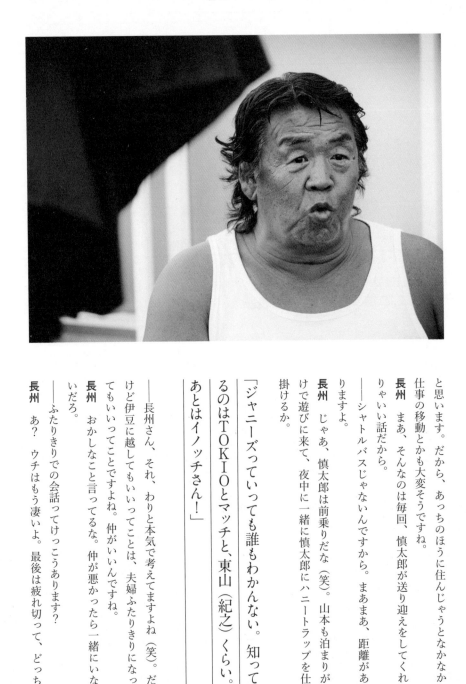

かが寝るまでしゃべってるよ。

――死闘（笑）。

長州　だからもう、最近は無視だよね。慎太郎夫婦は仲いいのかね？　俺はまったくわかんない。でもアイツ、ウチの娘と同級生だからな。

――子どもの頃からお互いの素性をある程度知っているわけですもんね。

長州　でも俺はまだ、アイツのことはまったくわかんないな。ちょっとミステリアスなところがあるよな。

――一度、すべてを吐かせますか。「おまえは何者なんだ？」って（笑）。

長州　じつは性格もとんでもないヤツだったりしてな。でも、まちがいないのはアイツは意外と女性が好きなタイプだよ。

――そうですかねえ。

長州　いや、あれは意外といくタイプだよ。

――とても義父の言葉とは思えませんね。長州さんがご結婚されたのは何歳でしたっけ？

長州　俺は35くらいじゃないの？

――わりと一般的な感じですね。早くもなく、遅くもなく。

長州　ああ、それはあるよね。

――じゃあ、わりとプロレスの世界に入って、10年くらいは独身貴族だったわけですよね。

長州　バカタレ！　俺はなんとかモノになるまでに10年以上かかってるんだぞ（笑）。貴族を気取る身分じゃなかったよ。

――でも人気が出てからは、めちゃくちゃモテてたでしょうね。

長州　何が？　思い荷物は持てますけど？

――でも、荷物をいっぱい持てる男って頼りがいがあってモテますよね（笑）。

長州　そんなバカな！　荷物といえば、テレビの仕事とかでメイクの人？　あの人たちって、なんであんな自分の身体以上の大きなモノをいつも持ち歩いてるのかね？　常にめちゃめちゃでかいバッグを持ってんだよな。

――あれ、全部メイク道具が入ってるんですよ。

長州　全部そうなのか？　あんなの、階段とかどうするんだろ？　エレベーターがなかったらどうするんだよ？　エスパー伊東じゃないんだから、まさかバッグの中に自分が入ろうってわけじゃないだろうし。ああ、山本。やっぱり沖縄だよ。俺は沖縄に行きたい。沖縄にはハプニングとインパクトがあるよ。

――ボクはハワイとかに行きたいですけどね。

長州　バカタレ！　ハワイになんのインパクトがあるってんだ。俺はもうハワイなんかに行ったら、たぶんそこからもう動かねえぞ。アウトレットなんか行こうもんなら、ブラブラして半日以上は潰しちゃうぞ。

――満喫する気満々ですね。

長州　まあ、まんじゅうの質だよな。

――まんじゅうの質？　えっ、いきなりまんじゅうってなんですか？

長州　まんじゅうはまんじゅうだよ。中身はあんこなのかどうなのかっていう。

――えっ、どういうことですか？

長州　あんこが入ってないまんじゅうだってあるじゃん。

――ありますね。

長州　俺なんてまんじゅうは昔からあずきの入ったやつがいちばんだと思って食ってたけど、まんじゅうにカスタードクリームが入ったらとんでもないことになるぞ！

――すいません！　本当になんの比喩なのかわかりません……!!

長州　カスタードがもうグワーッとなってるぞ。

――まず、こんな暑いなかでまんじゅう自体を想像したくないです。めちゃくちゃ喉が渇いてきました。

長州　まあ、ビール飲め。

――ありがとうございます（グビグビ）。

長州　ほら、熱海とかによく売ってる蒸したまんじゅうがあるじゃん。一口サイズの。俺はあれが大好きなんだ。

――ああ、うまいですよね。

長州　あれはおいしいよな！　まあ、ジャニーズからもコロナの感染者が出て大変だよな。

――まんじゅうの話は終わりですかね。

長州　俺はジャニーズっていっても誰もわかんない。知ってるのはＴＯＫＩＯとマッチだけか。あとは俳優になった東山（紀之）くらいしかわかんねえぞ。あっ、あとはイノッチさん！

――イノッチだけは、さん付けなんですね。

長州　そう。イノッチさん。まあ、イノッチさんよりも男盛りなのが慎太郎。慎太郎がいちばん危険だよ。アイツは俺の前では（猫を）被ってるんじゃないかと思ってる。まあ、被ってるだろうな。

長州力（ちょうしゅう・りき）
1951年12月3日生まれ、
山口県徳山市（現・周南市）出身。
プロレスラー。
専修大学レスリング部時代にミュンヘンオリンピックに出場。1974年に新日本プロレスに入団し、同年8月にデビューを果たす。1977年にリングネームを長州力に改名。メキシコ遠征後の1982年に藤波辰爾への噛ませ犬発言で一躍ブレイクを果たし、以後、"革命戦士"のニックネームと共に日本プロレス界の中心選手となっていく。藤波との名勝負数え唄や、ジャパンプロレス設立からの全日本プロレス参戦、さらに新日本へのUターン、Uインターとの対抗戦など、常にプロレス界の話題のど真ん中を陣取り続けた。2019年6月26日、後楽園ホールで現役ラストマッチをおこなった。

FIJI ISLANDS

KAMINOGE HIKING GUIDE

衝撃のマイク
「初代女王を抱きたい男の中の男、出てこいや‼」
の真意とは⁉

初代修斗女子スーパーアトム級王者

黒部三奈

「えっ！　チャンピオンになったからってモテるわけじゃないの～⁉　この修斗のベルトは白に金色とピンクで風水的にも恋愛運アップだと思ってたのに‼　だけどもう私は強くなるしかない……。これから防衛していけばきっとモテるはず……」

収録日：2020年8月7日　撮影：タイコウクニヨシ　試合写真：© SUSTAIN　聞き手：井上崇宏

ONE
Championship
SHOOTO
SHOOTO COMMISSION

「子どもの頃は普通に缶蹴りとか野球とかしてましたね。本当に男の子にしか見られていなかったです」

——以前、ここ（マスタージャパン東京）で浅倉カンナ選手がRIZINの試合前に黒部さんと公開練習をやったじゃないですか。

黒部　あー、はいはい。やりましたね。

——あのときの囲み取材で、黒部さんが「私はかわいいコをぶっ倒すことをモチベーションに格闘技をやっている」っておっしゃっていて。

黒部　はい（笑）。

——ボクは黒部さんのその発言を目の前で聞いて、つい反射的に「いや、黒部さんもお綺麗ですよ」って言ってしまったんですよね（笑）。

黒部　あー、それも憶えてますよ（笑）。

——ボク、言ったあとすぐに「やばい！」と思ったんですけど、それって黒部さんのキャラを壊しにかかっちゃってましたよね（笑）。

黒部　いやいや、本当の気持ちを言ってくれたらいいので（笑）。

——アハハハハ。ああ、ならよかったです（笑）。というわけで黒部さん、初代修斗女子スーパーアトム級王座獲得おめでとうございます！

黒部　ありがとうございます！

——大方の予想通りに、一回戦から準決、決勝と、キャリアの差を見せつけたなという印象なんですけど。

黒部　でも、そんなに余裕で獲れたわけでもないんですけど……危ない場面はなかったかな？（笑）。

——たしかに決勝の杉本恵戦は、激闘の末の判定勝ちでしたけど。しかも、黒部さんの攻撃力というよりも、打たれ強さのほうが目立っていた感じで（笑）。

黒部　打たれ強さと、あとは体力ですよね。やっぱり、それなりにきついトレーニングをしているので。

——打たれ強さっていうのは練習でつくものなんですか？

黒部　体力は当然練習でつきますけど、打たれ強さってなんですかね？　もともと頑丈なのかな。

——日本大学芸術学部出身者で、ここまで打たれ強い人は初でしょう。日芸の美術学科って絵画と彫刻がありますよね？

黒部　そうそう。私は絵画のほうで油絵を描いてましたね。子どもの頃からわりと絵を描くのが好きだったんで。

——でも日芸に進もうってくらいだから、「将来はこっち系でご飯を食べていこう」っていう思いもそれなりにありましたよね？

黒部　もちろん、できたらそうしたかったですけど、絵で食べていける人なんか本当にひと握りですからね。

——よく言われるのが、美術系の大学を卒業してもなかなか就職先がないっていう。

黒部　そうですね。ほぼ誰も就職活動していないっていうのもあるし、先のことをよく考えていないような人が美術学科に行くんで（笑）。私も4年間、ずっと絵を描いたり、遊んでましたからね。

――いまも絵は描いてたりするんですか？

黒部　もう、たま～に落書きする程度ですね。

――黒部さんって、ちっちゃい頃からボーイッシュな感じではあったんですか？

黒部　まあ、普通に缶蹴りとか野球とかしてましたね。時代が昭和ですから（笑）。それでもう本当に、男の子にしか見られていなかったです。水着とかを買いに行っても、男子用の水着を出されて「いや、違うんです。女用なんです」って説明すると、「あっ、あなたが着るんじゃないのね？」みたいな（笑）。

――えっ、そこまで男の子っぽいんですか？

黒部　お兄ちゃんがいるんですけど、よく取っ組み合いをしていて、ケンカっていうわけじゃなくて、プロレスに近いのかな？　その頃、クラッシュギャルズとかダンプ松本とか、女子プロレスが流行っていたからかもしれないですね。

「小学校の頃は好きな男の子と手紙のやりとりとかしてたんですよ。『ボクも好きだよ』みたいなことも書いてもらったりして」

――プロレスは観ていたんですか？

黒部　観てましたね（笑）。

――観ていてカッカくるものはなかったですか？「これはちょっと、私が進むべき道では……」みたいな。

黒部　どうかなあ？　まあ、やってはみたかったですけどね。でも小学校のときに「柔道をやりたい」って親に言ったら「これ以上、男っぽくなったら困る」ってやらせてくれなかったんですよ（笑）。

――なんで柔道をやりたいと思ったんですか？

黒部　やっぱ強くなりたかったんですかねえ？

――すでに強さへの欲求があった。

黒部　まあ、そこまでじゃなく、なんとなく強くなりたいっていうか。だから中学はソフトボール部に入ったんですけど、練習がキツすぎて、途中から陸上部に移りましたね。

――陸上だって練習はキツイじゃないですか。

黒部　でも、そんなには。わりと夏はプールに入ってもいいよっていう感じだったんで。

――短距離と長距離、どっちでした？

黒部　砲丸投げです。

――あー、ぽい。中学の陸上部で砲丸投げって、あんまり足が速くない人がまわされる種目っていう印象があるんですけど（笑）。

黒部　まさにそうですね（笑）。足はそんなに速くないです。短距離とかめっちゃ遅いですもん。

運動神経もないんで。

――運動神経はよくないんですか?

黒部　身体は丈夫でなんとなく体力はあるけど、運動神経は全然ですね。だから砲丸投げもいい成績は全然出してないですし。地味～に投げてた感じで（笑）。

――なにくわぬ顔して重い玉を投げてたんでしょうね。高校はどっち系に進まれたんですか?

黒部　普通の県立高校ですね。

――そこで普通に恋愛もしたりしますよね。

黒部　いきなりそっち系の話（笑）。小学校の頃は好きな男の子と手紙のやりとりとかしてたんですよ。小学5年生ぐらいかな、「ボクも好きだよ」みたいなことも書いてもらったりして（笑）。

――おおっ? 黒部さんもその男の子のことが好きで。

黒部　そうです。私がバレンタインにチョコレートをあげてみたいな。何十年も前の話ですけどね（笑）。でも手紙のやりとりだけで、一緒に帰ったりとかもしなかったですね。

――小学生ってそうですよね。口をきくわけでもなく、お互いに好きっていう意思の確認だけで満足っていうか。

黒部　そうそう（笑）。でも中学からは何もなかったですね。

――でも絶対に先輩とかを好きになる年頃じゃないですか。

黒部　いや、特に誰も好きじゃなかったかもしれないですね。友達がキャーキャー言ってるのをおもしろがって見てるだけみたいな。

——高校で部活は何をされてたんですか？

黒部　囲碁部です。

——えっ、なんでいきなり囲碁部に入ったんですか？

黒部　なんか友達に誘われて「得意でしょ？」みたいな。それまで囲碁はやったことなかったんですけど（笑）。

——囲碁が得意そうなルックスではありますよね。

黒部　パズルとかが好きだったんでそのイメージで。だから3年間、囲碁をやってましたけど、女子ってそんなにやってる人もいないので、県大会でけっこう勝つんですよ。そうしたらもう全国で、まあ、全国に行くとそんなでもなかったですけど。

「カツオ選手のパンクラスでの試合が凄くよくって、それから一生懸命ジムに通い始めたんですよ」

——結局、陸上にしても囲碁にしても、そこまで突き詰めようみたいな感じではないですよね。

黒部　そうですね。だから絵を描くのが好きで日芸に行ったっていうのも、勉強もそんなにしたくないし、まあ絵を描いて大学に行こっかなみたいなノリで（笑）。

——絵も追求したい感じではなかったと（笑）。でも大学卒業後は、グラフィックデザインをやっていたんですよね？

黒部　そうです。大学を出て、就職活動もしないで倉庫の荷降ろしとかのバイトをしていたんですけど、「さすがに大学を出てこれはよくないよな」と思って、当時付き合っていた彼と別れたのをきっかけに「絵に関係する仕事に就こう」と。それでコンピュータ・グラフィックを勉強してゲームを作る会社に就職しましたね。まあ、下請けの会社なので、ゲームとか映像とかいろいろ作る会社で。だから3DCGですね。

——黒部さん、すみません。「彼と別れたのをきっかけに」って、いつの間に彼氏ができました？

黒部　大学2年のときに同じ大学の人で。大学ってグループで遊ぶじゃないですか？　それでなんとなくというか、グループでいるけど、なんとなくふたりで手をつないじゃったりとか（笑）。

——おおっ？　どんな方でした？

黒部　大きい人でしたね。100キロくらいで。

——絵が上手な100キロだ。その人とは何年くらい付き合ってたんですか？

黒部　何年かなあ？　けっこう付き合ってたな。7年くらいとか？

——じゃあ、卒業してからもしばらく付き合ってたんですね。

黒部　そうですね。それで就職する前にコンピュータ・グラフィックを勉強するために1年くらい専門学校みたいな感じのところに行ったりとかして。

——デザインも絵心ですもんね。それありきで操作を覚えるっていうか。

黒部　そうですね。グラフィックの仕事は大変だったけど楽しかったですよ。結局、その会社には5～6年いたのかな？　その会社で部長さんだった方が、独立して作った2011（トゥエンティイレブン）というグラフィック会社があって、そこがいま私のスポンサードをしてくださってるんですよ。ずっと助けていただいていて。

——格闘技を始めたのはいつですか？

黒部　32歳ですね。ずっと座り仕事だったんで運動不足になっちゃうと思って始めて。

——それで行ったのが中村K太郎さんの道場ですよね。

黒部　そうですね。最初は大井町のK太郎さんのところで。

——会社がその近辺だったんですか？

黒部　いえ、阿佐ヶ谷だったんですけど、K太郎道場に週1会員っていうシステムがあったんですよ。それで週1で行ってみようってことで。

——運動不足解消で週1だけ行こうみたいな。そこからどうやって格闘技にハマっていくんですか？

黒部　K太郎道場にいたカツオ選手がパンクラスに出ていて、その人の試合を観たら凄くよくって、べつに自分はもう30過ぎてるんで、プロになるっていう気持ちはなかったんですけど、もうちょっと技術を学ぼうと思って一生懸命ジムに通い始めたんですよ。週1会員を1カ月くらいで解除して（笑）。

——じゃあ、わりと早々に格闘技にのめり込んで。

黒部　仕事も忙しかったんですけど、行けるときはできるだけ行くっていう感じで週3～4くらいで行ってましたね。そうやって私がけっこう行くんで、来ていない日があると先生から「今日は来ないんですか？」って連絡が来るんですよ（笑）。そうすると休みづらいんで、どんどんやっていった感じですね。

——でも、それまで10年以上もほとんど運動はやっていないわけじゃないですか。

黒部　あっでも、その前に普通のフィットネスジムにも通ってたんですよ。

——まあでも、それはキャッキャするやつでしょ（笑）。

黒部　キャッキャなんですけど、私はバカみたいに朝から晩まで行ってたんですよ（笑）。

——えっ、朝から晩までフィットネスジムにいる人なんかいないでしょ!?（笑）。

黒部　まあねえ。

——朝から晩まで筋トレをやるんですか？

黒部　筋トレと、あとはスタジオに出て、空いてる時間は走ったりとか。

——頭おかしくないですか（笑）。

黒部　頭おかしいですよね（笑）。

「べつに付き合ってくれって言うつもりもないのに‼　ただ、山に行きたかっただけなのに‼」

――デザイナーという忙しい仕事をされていて、狂ったように身体を動かして。で、社会人になってから恋愛はあったんですか？

黒部　話の持っていき方が雑（笑）。いやあ、これは恥ずかしいなあ……。頭がおかしい人だと思われちゃう（笑）。

――頭がおかしい人だと思われるような恋愛をしていたんですか？

黒部　いやまあ……。そのスポーツジムに好きな人がいたんですよ。

――おおっ？　マッチョですか？

黒部　いや、そんなにマッチョでもなくて普通のインストラクターです。普通にお話ししていて楽しい感じの人で、ふたりでマラソン大会に出たりしていたんですよ。

――親密ですね（笑）。

黒部　でも、べつに告白とかはしていないんですよ。マラソン大会に出て、ご飯食べてとか。

――ただ、黒部さんが好きだっただけ？

黒部　そうですね。でもあるとき、「山に行こう」ってことで一緒にハイキングを行く約束をしたんですね。「山はいいですよ～」なんて言われたりして。マラソン大会も一緒に出たし、これはいい感じだと思って。

――たしかにいい感じですね。

黒部　だから私も楽しみにしていたんですよ。それで同じインストラクターのことが好きだった友達も「じゃあ、山の上でふたりで食べてきな」って、たべっ子どうぶつを渡してくれて（笑）。

――おー、お菓子が全部うまいギンビスの。いい話ですね。

黒部　だから、べつに付き合うとかじゃないけど、好きな人と山に行けるって楽しみじゃないですか？　それで待ち合わせ場所に行ったら、向こうが手ぶらで現れたんですよ。

――「はて？」と。これから山に行くのにおかしいですね。

黒部　そうしたら、「やっぱ行けません」と言われて「ゔぇ～～～～～～っ!?」って（笑）。

――なんだ、そのリアクション（笑）。

黒部　「私はべつに告白するつもりもないし、襲ったりするつもりもないし、ただ山に行くのを楽しみにしてただけなのに～～～～～！」って（笑）。でも、「どうしても行けません」となって。

――「どうしても行けません」（笑）。えっ、彼に何があったんですか？

黒部　わかんないです。何があったのかは。

――だから、たぶん彼は気づいちゃったんですかね。誰かから「なんか黒部さん、好きらしいですよ」みたいな感じで言われたりとかして。

黒部　かもしれないですねえ。

――それで急に意識し始めて、「あっ、こうやって気をもたせるのはよくないな」って。それでもちゃんと集合場所には現れ、「山には行けません」と（笑）。

黒部　だから友達から授かったたべっ子どうぶつもしまって、泣きながら家に帰りましたよ（笑）。

――聞いていて、ボクもいま泣きそうですよ。いや、ちょっと待ってください。朝から晩までフィットネスジムにいたのって、完全にその人に会うことが目的じゃないですか（笑）。

黒部　やめて。それを書いちゃったら私がヤバイ人になっちゃうじゃないですか（笑）。

――でも楽しみにしていた山に登れなかったからといって、そこで黒部さんはどっぷりと落ちる感じにはならないですよね？

黒部　自分ではそうだと思いますけど……。

――「ちきしょー！」って家の壁をぶん殴って終わりでしょ？

黒部　まあ、泣きながら帰って、たべっ子どうぶつをひとりで食べて終わりですよ（笑）。でも、まあ泣きましたね。「べつに付き合ってくれって言うつもりもないのに!!　ただ、山に行きたかっただけなのに!!」みたいな（笑）。

――「こっちはそこまでの展開を望んでいなかったのに、そんなに過剰防衛しないでよ！」っていう。

黒部　それです！　私の恋愛話は以上です。

――黒部さん。ボクもいい歳したオッサンなんでね、あんまりバカにしないでもらえますか？　なんですか、このどうでもいいエピソードは（笑）。

黒部　一応、〝南流山の惨劇〟と呼ばれてますね（笑）。

――南流山の惨劇！（笑）。

黒部　南流山駅で待ち合わせをして、筑波山に行こうとしたときに起こった惨劇なんですよ（笑）。あのときは悲しかったな～、本当に……。

――じゃあ、大学の彼以降はずっと彼氏がいない感じですか？

黒部　いないですね。いまもずっと。

――でも格闘技にどっぷりとなったら、そうなりますよね。

黒部　いや、そうするつもりはないんですよ（笑）。

「大学で絵を描いていた格闘技の申し子でもない人間が、ハムちゃんとか浜ちゃん（浜崎朱加）とやってるわけですよ」

――何か信念のもとに恋人を作らないわけではないと。

黒部　全然、はい。

――でも、日々強さを追求していて、そのへんの男なんかは全員素手で殺せますもんね。それはなかなか男性も近寄りづらいですよ。

黒部　え〜〜〜っ!?（のけぞって全身をピクピクさせる）。

――ひきつけを起こさないでもらってもいいですか（笑）。

黒部　（体勢を立て直してきて）ウソでしょ!?　じゃあ、私はなんのためにチャンピオンになったの!!（笑）。

――チャンピオンになったらモテるとか、それは男側の発想ですよ（笑）。

黒部　あの修斗のベルト！　白に金色とピンクで風水的にも恋愛運アップだと思ってたのに!!

――えっ、風水的にそうなんですか？

黒部　いや、風水とか全然知らないんですけど（笑）。えーっ、ウソでしょ〜〜〜!?

――こんなに悶えるチャンピオンはいないですからやめてください。ただね、最近ボクもだんだんとわかってきたんですよ。「本当の美しさとは何か？」っていうことが。

黒部　なんですか？

――そりゃ街に出れば着飾ったりしている綺麗な女性っていっぱいいますよね。だけど本当の美しさっていうのはそうじゃない。だから2年前の公開練習で「あれ？　黒部さんってこの距離で見ると綺麗じゃん」みたいな。

黒部　あら！　あらあらあら……！

――やっぱり人間っていちばん好きなことをやってる瞬間がいちばん輝いているので、スパーをやったあとの黒部さんが綺麗なのは当たり前なんですけどね。

黒部　あら（笑）。

――だから、今日はあの日ほど綺麗ではないです（笑）。

黒部　ゲッ！　じゃあ、こないだの決勝のあとは？

――いや、人殺しみたいな顔をしていてちょっと怖かったですね（笑）。

黒部　え〜〜っ!?　チャンピオンってなんなの〜〜！　だけどもう、私は強くなるしかない……（笑）。

――格闘技を始めた最初の頃って、ＭＭＡをやるのは怖くなかったですか？

黒部　まあ、いまも怖いですけどね。怖いけどいちばん楽しいみたいな。

――格闘技の適性としてはどうでした？

黒部　適性はなかったですね（笑）。まず運動神経がないんで、いまだにずっと「センスない」って言われながらやってる感じです。

――えっ、いまだにですか？

黒部　そうそう。「マジでセンスないな〜」って（笑）。

――でも、たしかに格闘技の申し子ではない感じはありますね（笑）。

黒部　確実にね（笑）。

――突如、紛れ込んで来た努力と根性の人っていうか。

黒部　「なんか紛れ込んで来たぞ……！」って（笑）。

――〝南流山の惨劇〟での傷と怨念を背負って（笑）。

黒部　そうそう（笑）。

――でも、そんなに運動神経もよくない、格闘技のセンスがないと言われた黒部さんが、のちにハム・ソヒ選手とＲＯＡＤＦＣで3ラウンド殴り合ったりしているわけじゃないですか。

黒部　そうですよぉ。大学で絵を描いていた申し子でもない人間が、ハムちゃんとか浜ちゃん（浜崎朱加）とやってるわけですよ。凄くないですか？

――いや、凄いですよ。しかも、負けて超悔しがってるっていう。

黒部　「なんなら、もう1回やりたい」っていう（笑）。

――ＲＩＺＩＮでの浜崎選手との試合も、1ラウンドでキムラロックを極められて負けましたけど、「黒部を完封する浜崎朱加ってやっぱめちゃくちゃ強えんだ」っていう、浜崎さんにとってのいいプロモーションになっちゃったというか。逆に言うと、それくらい黒部さんの強さというのも認知されていましたからね。

黒部　あの試合、私は打撃で1回意識が飛んで、腕をロックされていたときには浜ちゃんもけっこう疲れてたんですよ。だから「これは2ラウンド目にいったら、もっとがんばれるな……」って思ってたんですね。でも、そのまま極められちゃったんですけど。

――「ここさえ凌げれば2ラウンド以降に……」って、歳上の選手のほうが思うことじゃないですよね（笑）。

黒部　たしかに（笑）。スタミナトレーニングはけっこうやってますから。

「練習も含めて、格闘技自体が好きですね。やっぱりいまは格闘技がないと人とも触れ合えないし……」

――だけど紆余曲折を経て、いまはこうして初の女子修斗王者ですから。ここからのモチベーションっていうのは、どういう設定をしていく感じですか？

黒部　いや、だから防衛していけばモテるかなと思って……（笑）。

――いや、キャラじゃなくて本当のことを教えてください。それでマジでモテると思ってたら頭がおかしいですよ（笑）。

黒部　でも、ベルトがなかったらもっとモテないじゃないですか！（笑）。

――その考えがもう（笑）。でも営業妨害かもしれないですけ

ど、黒部さん、そこまで男性が好きでもないでしょ？
黒部　いや、好き。男がほしい（笑）。
――イチャイチャしたい？
黒部　イチャイチャしたーい！（笑）。
――表向きはマーク・ハントとか言っていますけど、実際はどんな人がタイプですか？
黒部　どんな人っていうのがないんですよ、私。感覚で好きになっちゃうんで、なんとなくなんです。そりゃやさしい人がいいですけど、かといって、やさしい人を好きになるわけではないみたいな。
――それでベルト戴冠直後のマイクですけど。「初代女王を抱きたい男の中の男、出てこいや‼」って絶叫するっていう（笑）。
黒部　いや、あの日は真面目なままで終わらせようかなとも考えたんですよ。それで真面目なままでリングアナの北森（代紀）さんにマイクを渡そうとしたんですけど、「このままで終わらないよね？」みたいな顔をされたから（笑）。
――「で？」（笑）。
黒部　それで言わなきゃダメかなって（笑）。
――いやあ、でも爆笑しました（笑）。
黒部　本当ですか？　ならよかったです（笑）。いやあ、本当に男はほしいんですけどねえ。でも格闘技がめちゃくちゃ楽しくてしょうがないし。やっぱり子どもの頃の取っ組み合いを、大人になってもできるってめちゃくちゃ楽しいんですよ。わかります？　普通は大人になったらワチャワチャって組み合ったりしないじゃないですか。

——純粋に勝ち負けも楽しいですか？

黒部　勝ち負けが楽しいっていうよりも格闘技自体が好きですね。練習も含めて。やっぱりいまは格闘技がないと人とも触れ合えないし……（笑）。

——えっ、それはどういう意味ですか？

黒部　セラピーですね（笑）。格闘技って純粋に人と取っ組み合って、触れ合っているじゃないですか。それがなくなるとちょっと……（笑）。

——アニマルセラピーとかと似たような感覚ですかね。

黒部　あー、そういう感じです。格闘技セラピー。

——じゃあ、格闘技をやっていなかったら、もっと精神がグラグラしてるんですかね？

黒部　そうかもしれない（笑）。格闘技をやっていなかったらヤバイかもしれない。突然知らない人に抱きついちゃうかもしれない（笑）。

——ええっ？　人一倍、人恋しさがあるんですかね？

黒部　そうですね〜。いつも人恋しいですよぉ。

——ひとり布団に入って、「うわぁ」って身悶えたりしてます？

黒部　まあね。

——まあね!?（笑）。

黒部　本当にひとりで家に帰って「さみしいな」とかはありますよ。こないだもベルトを持って帰ってきたけど、なんか。「がんばったね！」って言ってくれる人もいないし。

——「さっきの打ち上げまでは楽しかったのに」（笑）。

黒部　そうそう。みんな喜んでくれていたけど、ひとりで家に帰ってきて「おめでとう！　がんばったね！」って言ってくれる人がいてくれたほうがさらにいいなって思いますけどね（笑）。

——「女王になったからってなんだっていうんだ……！」（笑）。

黒部　「やっぱ今夜もひとりか……」ってなりますよね（笑）。

——女王の光と影ですね（笑）。

黒部　そうなんです。これからもどんどん練習して強くなって、ご縁を探し続けます（笑）。

黒部三奈（くろべ・みな）
1977年5月2日生まれ、東京都足立区出身。MMAファイター。マスタージャパン所属。
日本大学芸術学部美術学科を卒業後、デザイナーとして働いていたが、32歳のときに中村K太郎道場にて格闘技を始め、2012年に35歳でプロデビューを果たす。2017年2月25日、スギロックを破りDEEP JEWELSアトム級王座獲得。同年6月10日、ハム・ソヒとROAD FC女子アトム級初代王座決定戦を行い、3RにパウンドでTKO負けを喫し王座獲得に失敗。2018年9月30日、『RIZIN.13』で浜崎朱加と対戦し、1Rにキムラロックで一本負け。同年12月1日には前澤智にも敗れてDEEP JEWELSアトム級王座を明け渡してしまう。しかし、2019年11月に開幕した修斗女子初代スーパーアトム級王座決定トーナメントで、一回戦でターニャ・アンゲラーにTKO勝ち、準決勝でも大島沙緒里にTKO勝ち。そして2020年8月1日の決勝で杉本恵に3-0の判定勝ちを収めて修斗女子初代スーパーアトム級王座を獲得。修斗史上初の女子初代王者となった。

鈴木みのるのふたり言

第86回

パンクラスイズム

構成・堀江ガンツ

——きのう（7月31日）、ネット配信でNJPWワールドとニコプロを続けざまに観たんですよ。新日本後楽園は、鈴木さんと永田（裕志）さんの一騎打ちがメイン。ニコプロでは『iSMOS』という北岡悟自主興行をやっていて、メインは北岡悟選手で、近藤有己選手がTKO勝ちして、実況が佐藤光留、レフェリーが梅木良則という。

鈴木　俺たちのパンクラスって感じだね（笑）。

——この興行が困難な時代に、鈴木みのるとかつてのパンクラスの仲間たちは生命力が凄いなと思って。

鈴木　俺たちはしぶといからね。

——また佐藤光留選手が、笑っちゃうくらい実況がうまいんですよ。

鈴木　ゲストじゃなくて実況なんだ？

——そうなんです。全然違和感なくて。

鈴木　へえ～。アイツのオタク具合がそういうところで役に立ってるんだね。プロの実況アナウンサーは、仕事がなくなるんじゃないの？（笑）。

——今後、普通にオファーが来ると思いますよ。総合格闘技とプロレス、どっちもできちゃうだろうし。

鈴木　変態がアナウンサーの仕事を荒らし始めたか。おもしろいよね。ただ、最近は愚痴が多いけどね。

——旧川崎球場（富士通スタジアム）で放つ、昼夜の自主興行が新日本の神宮球場大会とぶつかってしまったりして（笑）。

鈴木　俺も協力してやりたいけど、「この日は新日本のスケジュールが入ってるよ」と言っておいたからね。これぱっかりはしょうがない。でも自分で興行をやってみて苦労を経験するのもいいことだと思うけ

どね。今回、『iSMOS』という無観客大会を主催した北岡悟もそうだけど、もの凄くプラスになることだとは思う。

――北岡選手も大会後、選手としてメインを締めただけじゃなく、興行主としてやりきったということで、もの凄く満足げな表情をしてましたね。

鈴木　北岡もちょこちょこ店に遊びに来てくれるし、俺も何か協力できればと思ったんだけど。まあ1個だけ、北岡の要望で字を描いてほしいってことだったんで、書いたんだけどね。

――「明日からまた生きるぞ」っていう鈴木さんの書いた字が、オープニングのVTRに出てきましたよね。

鈴木　あれはクラウドファンディングで、それぞれスポンサー名が入るんだけど、個人でお金を出した人が「北岡さんの好きな言葉を入れてください」って言ったみたいで。それで北岡が「この言葉を鈴木さんにデザインしてほしいです」って来たんだよね。

――船木（誠勝）さんの言葉を鈴木さんがデザインして描くという。

鈴木　パンクラスってもともと「船木の発想と鈴木のチカラ」みたいなところがあったんだよ。船木が発想したものを具現化するのが俺の役目であることが多くて。それで北岡はいまでも、船木がいて、鈴木がいたパンクラスを好きでいてくれてるんだなっていう気がしたので、ふたつ返事で「おまえにだったらなんでもやるよ」と言ってやらせてもらったんだよね。

――北岡選手はパンクラスのルーツを大事にしつつ、自分が受け継ぐっていう気持ちが強い気がします。

鈴木　アイツが道場を始めるときもウチの店に来てね。なんか言い出せずにもじもじしていたから、「パンクラスの看板がほしいんだろ?」って聞いたら「ボクがパンクラスイズムを継ぎたいです」って言うんで、「わかった。じゃあもう全部あげるよ」って名前も看板もあげたんだよ。

――あの旗揚げから掲げていた「格闘技道場パンクラス」の看板ですね。今回の『iSMOS』で北岡選手は初めてメインイベンター兼主催者という立場でやりましたけど、初期パンクラスって鈴木さんと船木さんが、まさにその形でしたよね?

鈴木　主催者だよ。いまの選手はすでに舞台があるからそこに上がればいいけど、1993年の時点ではプロとしてあのスタイルで闘える舞台が存在しなかった。

――自分たちで作るしかない、やるしかないっていう。

鈴木　似たものがあったとしても、それはあくまで似ているだけであって、自分たちが思い描く姿のものではなかったんで。ウチの店と一緒だよ。自分がほしいものが、この世にないなら作っちまえばいいっていう。さっき新入荷したキャップだって、こんなもんほかに売ってねえもん。

――鈴木みのるデザインのパイルドライバーオリジナルですよね。

鈴木　俺の試合コスチュームと同じフェイクレザーを探して、デザインを移植するような形で作ったんで。そう、だからもともとのパンクラスの精神っていうのは「ほしいものは作ってしまえ」。それですよ。

――だからきのうの『iSMOS』を観たとき、「あっ、まさに言葉通り〝パンクラスイズム〟じゃん!」って思いました。

鈴木　そうかもしれないね。ほしいものは自分たちで作るっていうね。総合格闘技のルールだって、いまはみんな当たり前に存在するものだと思ってるけど、その中身の多くは俺たちが作ってきたんだもん。俺たちだけとはもちろん言わないけどさ。

——試合が人体実験みたいな感じになって、試行錯誤の末、作り上げていったものですもんね。

鈴木　最初はUWFルールとほぼ同じ形でやってたんだけど、それだとケガ人が増えたり、いろんな不備が見えてきたんだよね。だから審判会議をしょっちゅうやってたよ。俺がワープロでルールブックのたたき台を作って、実際に試合をやるたびに「ここにルールの穴があります」「ここは変えたほうがいいです」とかやって。だから俺はパンクラスを離れる直前まで、審判部にもいたから。

——えっ!?　選手をやりながら審判部にもいたんですか。ルールディレクターというか。

鈴木　だから大会のたびにレフェリー陣ともミーティングして、「あのときにどういう意図でこの判断をしたのですか?」って聞いたり、反省会をしながら改善していったんだよ。

——プロ興行ですから選手の安全面も考えながら、どういうルールにしたらおもしろい試合になるのかも考えながら。

鈴木　そうだね。あとは選手からの異議申立てもあるんで、そういうのを対処したりとか。まあ、いろんなことをあの10年くらいでひと通りやれたね。だからルールも「なかったら作っちまえばいい」っていう、そういうことですよ。

——すべてはそこにつながると。

鈴木　それで今回、北岡が〝パンクラスイズム〟にかけた大会名にしたいってことで俺に相談に来て。「そもそもイズムって誰がつけたんですか?」って聞いてきたんで「俺がつけたんだよ」って答えたんだよ。じつはパンクラスイズムの「イズム」って小文字（ｉｓｍ）なんですよ。

——そうでしたね。

鈴木　小文字にしたのには理由があって。大文字にすると「主義、主張」っていう独立した意味を持ってしまうけど、小文字にすることによって鈴木イズムとか、近藤イズム、北岡イズムとか、それの集合体っていう意味を込めて小文字にしたんだよ。俺、すげえネーミングセンスあるよね。自画自賛だけど（笑）。

——いいと思います（笑）。

鈴木　要は俺だけのものじゃなくて、みんなの想いをひとつにしたいっていうのがあったんで。その話を北岡にしたら、「イズモス」という言葉を北岡が自分で調べてきていてね。その「イズモス」というのは「イズム」という英語の語源となったギリシャ語なんだって。で、パンクラスももとギリシャ語なんだよ。表記は英語の造語だけどね、（カール・）ゴッチさんがスペルを間違えて。

——スペルを間違えたことで固有名詞になったと（笑）。

鈴木　だけどそうやって作られてきたんで、北岡が「大会名を『ｉＳＭＯＳ』ってつけたいんですけど、どう思います?」って聞いてきたから、「凄くいいと思うよ」と。それで「あのときのｉｓｍをボクが引き継いでるっていう意味合いを込めて、最初の〝ｉ〟を小文字にしたい」って言うから、「カッコいいことを考えるなあ、おまえ」って（笑）。

——鈴木さんに通じる、細部へのこだわりがありますね（笑）。

鈴木　そんな想いがあった大会だったんで。これから大会規模を大きくできるようにがんばるんだろうけど、それが目的じゃないというか。「自分がやりたいことをやる」

「自分のやりたいことができる場所を作る」っていうことがいちばんなんじゃないかな。

——だから『iSMOS』は、パンクラス旗揚げ時のようなすがすがしさがありましたね。「ついに自分がやりたいものを作り上げたぞ!」みたいな。

鈴木　俺もデビュー20周年記念のときに後楽園ホールを借りてプロレスの記念興行をやったり、30周年では違うことを、もっと広げてやりたいっていうことで『大海賊祭』をやって。横浜赤レンガ倉庫に2日間でのベ5万人を集めることができた。あれは俺にとって自信になったし、達成感もあったね。だから今回の北岡の『iSMOS』も「ないものは作ってしまえ」のパンクラスイズムが生んだんじゃないかな。そんな気がするんだよね。

——鈴木さんが、鈴木みのる人脈で大海賊祭をやったのと同じで、『iSMOS』もあらゆるスタッフが北岡悟人脈でした。

鈴木　そうすることで自然とみんなが同じ方向を向けるんだよね。たとえもともとの知り合いじゃなくても、自分たちで声をかけた人とならそれができる気がする。それこそパンクラスを旗揚げしたとき、プロレスにまったく興味のない人があのバッテンマークを作ったんだから。俺たちの想いを何時間も話して、イメージが浮かんだってことで作ってくれたんだよね。

——あのシンボルマークも色褪せないですよね。

鈴木　色褪せないねえ。もう30年近く前のものなんだけどね。傑作ですよ。だから「パンクラスイズムとは、ないものは作っちまえ」っていうのが、いま凄くしっくりきてる。もちろん作るためには経済力とか、政治力、いろんなものが必要じゃないですか。自分ひとりの力は限界があるけど、「じゃあ、そこは俺が担当するよ」なんていう人が仲間で出てきてくれることで、いろんな人の力が結集するんだよね。だから『iSMOS』もそうしてできあがったんじゃないかな。俺は当日、後楽園ホールであのクソ野郎をぶん殴ってたので、『iSMOS』を観ることはできなかったけど、きっといい空間だったんじゃないかって思うけどね。

——非常によかったですよ。

鈴木　ああ、そう？　そのうち北岡が差し入れを持って来ないかな（笑）。今日は凄い答えが出たね。「パンクラスイズムとは、ないものは作っちまえ」。それも自分のカネで作るっていうのが大事な気がするんだよ。人のカネを使って何かイベントをやったりすると、取り分がどうこうとか、マイナスだったときの補償がどうとか、誰かが誰かのために被る形になるけど、自分のカネなら誰にも文句を言われない。『大海賊祭』も基本的に俺のカネですから。

——それも凄いですね。

鈴木　出した額は少ないんだけど。もちろん、それだけじゃ足りないから、スポンサー1社1社に自分から話をしに行って、自分で集めて。それは人のカネじゃなく、イベントに賛同してくれたお金なんでね。その上でどこで経費削減するかっていうことも細かくやったよ。ガムテープの数まできっちり計算するんだから（笑）。

——主催者はそこまでやるわけですね。

鈴木　そして今回、佐藤が川崎の大きな野外会場で記念大会を開き、北岡が自分の道場を使ってイベントを始めた。選手それぞれの中に、″ｉｓｍ″が生きてるんだなって思うよね。

KAMINOGE THUNDER FIRE

緊急プロレス談義！
だってあの“宇野くん”が路上電流爆破デスマッチに
初挑戦だから‼

［総合格闘家］

宇野薫

「ボクがプロレス的な思考ができているとしたら、それはずっと根底にプロレスが好きというのがあるからかもしれない」

［総合格闘家］

青木真也

「電流爆破は麻薬だから毒されないようにしないとダメ。ただ、最終的にボクは本当のデスマッチをやってみたいんですよね」

収録日：2020年8月14日　撮影：タイコウクニヨシ　構成：井上崇宏

Life Is Challenge

本誌が発売されている頃には終わっているのだが(泣)、8月27日、閉園直前のとしまえんで路上電流爆破デスマッチが敢行された(はず)。大仁田厚&高木三四郎&クリス・ブルックスvs青木真也&宇野薫&竹下幸之介による6人タッグマッチで、なんと宇野薫が電流爆破初挑戦!『KAMINOGE』はこの異常事態に対し、当カードが発表された翌日に宇野と青木の両者を緊急キャッチ。いったいどういうつもりなのか聞いてみた(試合はすでに終わっているのだが泣)。

「ボクは『青木くんがプロレスに参戦し続けているのは、なんなのか?』っていうのをずっと考えていたんです」(宇野)

——きのう宇野さんが路上電流爆破デスマッチに身を投じるという発表があって、とにかくビックリしたというか、これは大事件だろと思ったんですけど(笑)。いったい、どういう経緯でこんなことになったんですか?

青木　それはボクからいいですか?　そもそもボクはとしまえんの近所に住んでるじゃないですか。そこでDDTの高木(三四郎)さんから「青木さん、ちょっと電流爆破をやりますか?」みたいな話があって。

——近所だからオファーされたわけじゃないと思いますけどね(笑)。

青木　そのときに「ほかにも誰か格闘家で受けてくれる人はいないですかね?」って言われたんですよ。

——あっ、オファーと同時に相談もあったんですね。

青木　「格闘家でどなたか電流爆破をやって話題になりそうな人はいませんか?」と。それでボクは「あっ、宇野さんがやったらおもしろいんじゃないの」と思って、すぐに宇野さんに連絡して聞いてみたら、そこでちょっとおもしろかったのが「1日考えます」って言われちゃったんですよ(笑)。

——いやいや、そこは宇野さんにしてみたら「ちょっと1日くれ」ですよね(笑)。

宇野　いやあ、絶対に1日は(笑)。そういうことは早めに決断したほうがいいって思いながらも、やっぱり1日の猶予は必要ですよね。

——ただ、宇野さんにとっての1日は、普通の人の即答に近いですからね(笑)。

宇野　最近は「早め早めに答えを出す」っていうことを青木くんの姿勢から学んでるので、なるべく早く返事することを心がけてはいるんですよ。

――青木さんは「時は金なり」でしょ？（笑）。

青木　時は金なりだから、常に「オッケーです。やりまーす」みたいな感じなんですけど、宇野さんはちゃんと1日考えてくれるんだなと思って。「やっぱりしっかりしてるな、この人は」と思いましたね（笑）。ボクは先々のことはなんも考えないからさ。

――宇野さんは、その1日という時間をどのように過ごされたんですか？（笑）。

宇野　まあ、オファーをもらった段階からずっと「どうしようかな……」と。自分の見え方、出し方もそうですし、そこはいろいろと考えますよ。もうデビュー25年目ですから、それは当たり前ですよね（笑）。総合格闘技ではないですし、ひさびさのプロレスということもありますので、「宇野薫の見え方としてどうか？」というのは凄く考えますよね。

――そんななかで「出ます」となった決め手はなんだったんですか？

宇野　やっぱり電流爆破という禁断の果実というか、正直ボクは「青木くんがプロレスに参戦し続けているのは、なんなのか？」っていうのも考えていたんですよ。青木くんがやった電流爆破はボクも鶴見市場まで観に行きましたけど、そのときも「青木真也がなぜそこまでやるのか？」っていうことと、「この先に絶対に何かがあるからやり続けてるんじゃないかな」ということを凄く感じていて、今回、ボクも試合をすることによって、少しでもその答えがわかるんじゃないかなと思ったんですよね。

――その何かとは何か？　という。

宇野　そうです。

――やっぱり宇野さんは深く考えていますよね。

青木　しっかりしてますよね。いや、でもね、ボクは「これをやって絶対に宇野さんは損をしない」と思ったんですよ。

宇野　あっ、それは言ってたね。

青木　うん。宇野さんは絶対に損しないし、宇野さんを見ている世代って大仁田厚の直撃世代でもあるわけじゃない。だからインフルエンサーじゃないけど、宇野さんにとって凄くいい案件だなと思ったんですよ。

宇野　だからやると決めた理由のひとつに、青木くんがそう言ってくれたからというのもあるんですよ。そこも踏まえつつ、「1日考えます」ってことで家族とも話をして（笑）。

――あと、青木真也をもってしても、宇野さんを陥れるようなことは絶対にしないですよね？

青木　えっ、どういうこと？

――いや、青木さんって基本的に人を陥れるじゃないですか。

青木　まあ、常にニヤニヤして笑ってるからね。

——でも宇野さんに対しては絶対にそういう動きはしないでしょ？　したくもないというか。

青木　たしかにそれはないかもね。宇野さんって、受け身を取って強く転がせるタイプじゃないとも思っているから。

「プロレスにはたくさんの約束事があるなかで、どう試合を作っていくかっていうのを思考する作業がおもしろい」（青木）

——どういう意味ですか？

青木　思いっきりハメられてさ、それを「なにクソ！」って転がしていけるタイプじゃないでしょ。でも、川尻（達也）さんとかマッハさん（桜井〝マッハ〟速人）みたいなタイプは、そこで転がって得をするじゃん。

——ああ、外圧というか負荷をかけられてこそ魅力が増すタイプというか。

青木　そうそう。でも宇野さんはそれで輝くタイプじゃないからね。

——とにかくストレスにしかならないっていう（笑）。

青木　宇野さんは、思いっきりコケるとか、スキャンダルで転がっていくタイプじゃないもん。だからボクはそれを宇野さんにやっても意味ないでしょって思っちゃうんですよ。

——じつは宇野さんは、前々から青木真也がプロレスをやっていることに興味を示していたというか、自分もやってみたいっていうことを口にしていましたよね。

宇野　そうですね。昔も1回目の『ＩＮＯＫＩ　ＢＯＭ－ＢＡ－ＹＥ』に出たり、ＡＰＥのプロレスイベントにも連続で参戦しましたし、全日本プロレスの横須賀大会にも出ていますからね。あとは鈴木（みのる）さんの興行にもたまに出させていただいたり。ただ、最近はやっぱり身体の大きな相手とプロレスをやるっていうのは……。昔はなんとか若さでできていた部分もあったと思うんですよね。だから小島（聡）さんのブレーンバスターとか、ロウ・キーのリッカーボールキックを食らってめちゃくちゃ痛かったですけど、なんとか身体への負荷というか衝撃に耐えられたんですよ。だけど途中からだんだんと怖さを感じてきて、なのでここ何年かはプロレスに足を踏み込めなかったっていうのはありましたね。

——それと格闘家のキャリアとして、この段階で絶対にケガするわけにはいかないというのはありますよね。

宇野　プロレスは単純に危ないですよ。ただ、ボクは全日本プロレスに上がるときも（ケンドー・）カシンさんやカズ（・ハヤシ）さんに教えてもらいに練習に行ってましたから、それは自分としてもいい経験でしたね。

——それにしても、宇野薫と電流爆破っていうのは最高のかけ算ですよね。

宇野　化学反応というか。

――いちばん遠い関係ですもんね。

青木　いちばん遠いよね。そもそもコスチュームどうするんだ問題とかね。試合当日のことが映像で浮かばないんだよね（笑）。

――まず普段の裸足は絶対に嫌ですよね（笑）。

宇野　裸足は絶対に無理です（笑）。だから電流爆破の経験がある人からいろいろと聞いて参考にしつつ、自分はどういうふうにすればいいかっていうのをちょっとずつ頭の中で考えていますね。

――かつ宇野さんの場合は、そこでもオシャレじゃなきゃいけないですもんね（笑）。

宇野　いや、オシャレというわけじゃなくて、こだわらなきゃいけないんです。こだわりコーディネートです（笑）。

青木　だけど、そのオシャレも今回だけはもうわからなくなってるってボクは睨んでるんだけど（笑）。

宇野　いやいや、やっぱりそこにはこだわりは持って。オファーを受けた以上は宇野薫のこだわりを持って出たいですから。そこで、どのこだわりを出せばいいのかっていうのをちょっと考えている最中ですね。

――青木さんはどうしてずっとプロレスをやっているんですか？

青木　なんだろうな。やっぱり学ぶものが多いですよ、正直。プロレスにはたくさんの約束事があるなかで、どう試合を作っていくかっていうのを思考する作業がおもしろいし、そこは格闘技にも役立っている部分があるんですよね。

――プロレスラーの方はみんなそう言いますからね。制約のあるなかでどれだけ自分の色を出すことができるかが醍醐味だって。

青木　それと、やっぱりいちばんおもしろいなって思うのは「全部取っちゃダメだ」っていうところですよね。これは価値観の話ね。極論、格闘技ってふたりで試合をしていたら自分が全部取っちゃってもいいわけじゃないですか。でもプロレスではそれをやっちゃいけなくて、相手にも取らせなきゃいけないっていう。通常の格闘技的な世界観だと、みんな自分だけが前に出たがるわけですよ。それをあるときは「自分が引いてみたほうがじつはおいしい」みたいなことは、プロレスをやっていないと覚えられなかったことですよね。

――じゃあ、プロレスからたくさんのお土産を持って帰ってます？

青木　ボクはめちゃくちゃ持って帰ってますよ。たとえば、宇野さんの試合でセコンドに入るときですら、すげえ自分の立ち位置とかを意識するようになったし。この試合は誰がメインの役者なのかっていうのを凄く意識しつつ、そこでセコンドのボクがこのへんに立ってたらダメだろとか、ここでは出てもいいけどここは下がらきゃダメとかっていうのがわかるようになったんですよね。そういうことだと思います。自分の立ち位置とか、やる仕事を全部把握して、最終的にいいパッケージにするという意識が作れたと思いますね。

「船木さんの影響で『ボクも中学を卒業したらプロレスラーになる』って勝手に思っちゃっていました」（宇野）

——じゃあ、青木真也がもっと早くにそういう意識やテクニックを手に入れていたとしたら。

青木　時代が変わっていたかもね（笑）。DREAMとかもそうだけど、結果論としてボクはそういうのを現場で見て学んできましたよね。現場で見るっていうのはやっぱり大切なことだと思いますよ。

——その一方で、宇野さんってずっとプロレスをやってきているなっていう気がするんですよね（笑）。

宇野　それは総合格闘技をやりながらもプロレス的な思考をしているっていうことですか？

——そうです。さっき青木さんが言っていたような、自分にとっての最善の立ち方というものを昔からずっとわかっているような気がしますね。

青木　宇野さんはできてますよね。

宇野　もともとがプロレスファンですし、ずっと根底にプロレスが好きっていうのがあるからなんですかね？

青木　でも宇野薫っていう人を語るときにさ、みんなは宇野さんのことを凄く損得を考えてる人だって思ってるじゃん。井上さんもそう思ってるでしょ？

——ぶっちゃけ、じつはそこのジャッジがまだつけられていない状況なんですよね（笑）。

宇野　アッハッハッハ。

青木　いまは現役生活を続けるっていう、あきらかに損なことをやっているから、その見方も変わってきていますけど、5年前、10年前っていうのは「あっ、この人はずっとスタイリッシュにやって、スッと気持ちよく次のステージに行くんだろうな」っていうような計算高さを感じていたと思うんですよ。

——まあ、それは宇野さんが思う「カッコよさとは？」を追求しているってことですよね。

青木　それが凄くスマートに見えていたんだけど、いま思えばそれはすべて結果論だからね。じつは本人がどっちに行きたいかっていう強い欲求のままで生きてきただけで、それが結果的にスマートに見えちゃっていただけなんですよね。だからここ3年くらいで、わりとボクの中では「宇野さんってじつはただやりたいことだけを追求してる人なんだ」っていう答えが出てますよね。

——その追求するという意味では、宇野さんってめちゃく

ちゃわがままですもんね（笑）。

青木　そう、我が強い（笑）。

宇野　いや、だからこだわりだって（笑）。自分がやりたいと思うことに対して「それだったらこうしたほうがいいな」っていうこだわりがあるだけなんだと思います。だけど今回の電流爆破に関して、ボクはどういう評価をされているのかがわからなくて、やっぱりエゴサーチをちょっとするじゃないですか。

——どうでした？

宇野　まあまあ、反応がいいのかなって。「宇野、なにやってんだ」って反論する人もいますけど、8割くらいの人は「衝撃的」みたいな。でもボクは自分のフィルターでしか見ないから、逆に井上さんや青木くんにどういう反応なのかを聞きたいんですよね。

青木　いや、よかったんじゃないのって思うよ。

——ボクがちらっと覗いた感じだと、SNSでは竜巻が起きてましたよ。「えっ、宇野くんが電流爆破!?」って（笑）。それが通常のDDTのリングに上がりますってことじゃ全然アガらなかったと思うんですよ。

宇野　そうなんですかね？

——ゆくゆくはDDTのリングに上がるにしても、最初に一発、電流爆破を通過してからのほうが観たくなると思うんですよ。

青木　たしかにボクも思うのは、宇野さんはDDTの中に入ってやっていくタイプじゃないから、ビッグマッチのスパイスですよね。だから（マッスル）坂井さんと絡んだりしたらすげえいいと思いますよ。

宇野　ああ、スーパー・ササダンゴ・マシンさん。ササダンゴ・マシンさんのアレ（煽りパワポ）がおもしろくて、凄いなとは思ってるんですよ。

——お二人とも、もともとがプロレスファンっていうのは、特に宇野さんは有名ですけど。

宇野　ボクは幼稚園くらいのときが初代タイガーマスクブームの頃で、兄の影響で新日本プロレスを観ていたんですよね。それでタイガーマスクにあこがれて、そこから猪木さんがハルク・ホーガンに失神させられた試合があったりして。そのあとボクはしばらく観なくなっちゃっていたんですけど、また中学生くらいになったときにお兄ちゃんがボクにアキレス腱固めをかけてきたんですよ（笑）。

——「これからはUWFだぞ！」と（笑）。

宇野　そうそう（笑）。前田（日明）さんをエースに、髙田（延彦）さんとか新生UWFがちょうど流行っていた頃を兄が観ていて、ボクに技をかけてきたりしてきて。それで「あっ、こういうのがあるんだ」と思って、ボクは野球部だったんですけど部活の友達からも「いまプロレスがまたおもしろい

よ」って言われたんですよね。ちょうど新日本に武藤（敬司）さんが凱旋帰国してきた頃ですよ。ＮＫホールのあの試合。
――ああ、いいタイミングですね。あの試合はプロレス何度目かの夜明けですからね。
宇野　たまたまあれを観て、「うわっ、凄いな！　やっぱプロレスおもしろいな！」と思ってまた観るようになって。それで船木（誠勝）さんが中学を卒業してすぐにプロレスラーになったっていうのを知り、「ボクも中学を卒業したらプロレスラーになる」って勝手に思っちゃって（笑）。そうしたら父から「それはダメだ！　高校でプロレスの基礎になることをやればいいじゃないか」って言われて、レスリング部がある横浜高校に行ったんですよね。そこは鈴木（みのる）先輩がＯＢでいらっしゃって。それでパンクラスを受けたんだけど、落ちてっていう。でも90年代あたりはU系に限らず、いろんなプロレスをひと通り観ていましたね。それこそ大仁田さんの電流爆破デスマッチなんかも（笑）。

「プロレスはカシンにちょっと習ったくらいで、DDTに出るようになってからは竹下選手とかに影響を受けています」（青木）

青木　ボクは宇野さんよりも下の世代で、ずっとニュージャパンですよ。カシン直撃世代ですから。

宇野　だから青木くんがこんなにプロレスファンだったっていうのは、ボクは知らなかったですし、知ったときも「じつはウソなんじゃないか？」って思っていたこともあったんですけど。
――非常によくわかります（笑）。
宇野　いまでこそ一緒に練習をしたり、セコンドとして一緒に行動させてもらっていたりしますけど、それでもボクはずっと「青木くんがプロレスファンだっていうのはウソなんだろうな」って思っていて（笑）。だけど、徐々に「あっ、この人は本当にプロレスが好きなんだな」っていうことに気がついたんですよね。でも、いままではそういう一面は全然出していなかったし、むしろ嫌いなんじゃないかってずっと思ってたんですけど。
――何気ない会話の中で、ふとプロレスたとえが出てきたりすることもなく（笑）。
宇野　そうですね（笑）。だけど本当によく知ってるなと思って。
青木　とにかくボクはカシンですよね。新日本ジュニアがいちばん熱かった時代。大谷晋二郎さんとか金本浩二さんとかに魅了されてきてますんで。それで1・4の橋本vs小川らへんからはもうＰＲＩＤＥとリンクしていったので。アントニオ猪木に振り回されていた頃の新日本を思いっきり観てるから、それで途中でやっぱりプロレスからＰＲＩＤＥにいくんですよね。ボクはUWFとかは直撃ではないのであまり観てないんです。

——その頃、青木さんは中学生ですかね？

青木　カシンに惹かれていたときは思いっきり中学ですね。ボクは柔道をやっていたから、やっぱそのときの仲間でプロレスが好きなのが何人もいて、その影響ですね。わりと観にも行ってましたよ、静岡大会。そこでボクの友達がカシンに殴られましたからね。昔の新日本って荒くてさ、花道でファンが選手に触るとバコーンってやられるんですよ。それで友達が本気で殴られてて、「あっぶねーな、カシン……」と思って（笑）。それからずっとのちにIGFで一緒になった時に「じつは友達が殴られたんですよね」っていう話をしたら、カシンが「悪いヤツだな」って一言言ってました（笑）。

宇野　ケンドー・カシンさんのコーチは凄いですよ。ボクも本当に勉強になりました。昔、高田道場でずっと一緒に練習していたんでそのときの石澤（常光）さんも知ってるし。あとはAPEのときも一緒になったので。

——行く先々にカシンがいるっていう（笑）。

青木　ボクもプロレスはカシンにちょっと習ったくらいで、あとはほぼ習っていないですね。DDTに出るようになってからは竹下（幸之介）選手とかに影響を受けてますけど。「こういうときにどうしたらいい？」っていうのを聞いたり、観て研究したりとかして。まあ、今度の電流爆破で宇野さんがいかに闘うかですよね。

宇野　ボクは本当に怖がってますよ。ただただ怖いです。鶴見市場での青木くんの電流爆破をリングサイド3列目くらいから観させてもらって、こないだ映像でも観てみたら「ヤバイな」と思って（笑）。ちょっとあらためて恐怖感が……。ボクにとっては怖さしかないですね。

青木　いやー、いいっスねえ（笑）。

宇野　だから本当なら、たとえば「大仁田さんをもう一度、8度目の引退をさせてやる！」とか、あるいは井上さんの前なので謎かけじゃないですけど、今日は何かそういうことを言ってやろうと考えてたんですけど、まったく思いつかなかった。「ただ、電流爆破が怖いです」っていう（笑）。

——憂鬱（笑）。

宇野　そこでコスチュームはどうしようとか、そこにはこだわらないといけないし。

青木　電流爆破ってあれは麻薬ですからね。あれに毒されてやめられなくならないようにしないとダメですよ。デスマッチだってそうじゃないですか。どんどんスタントになっちゃうからあそこで溺れないようにしないと危ないっスよ。でも、ボクは最終的には本当のハードコアをやってみたいんですよ。

宇野　えーっ!?

青木　1回だけ。1回でいいからやってみたい。

宇野　いやあ、蛍光灯とか絶対に無理ですよ。だから青木くんはすでにちょっと中毒になってますよね。デスマッチをやりたいって言い出すとは……（笑）。

青木　プロレスってそうなりますよ。たぶん宇野さんもそうだと思いますけど、もう並大抵のことじゃ興奮しないんですよ。ターザンと一緒ですよ。

——ターザン山本！と一緒？（笑）。

青木　ターザンもデスマッチとか観てるじゃん。それとかも普通のプロレスを観て興奮しなくなっちゃってるから、そういう過激なほうに行くじゃないですか。宇野さんは知らないと思いますけど、ボクの中でのターザンへの評価ってめちゃくちゃ高いんですよ（笑）。

宇野　まあ、ターザンさんはおもしろいですよね（笑）。ボクもターザンさんとはお会いしたことがありますけど、あらためてそのおもしろさを感じましたもん。活字でああやって見出しになる言葉をたくさんつけられる人って凄いなって思いますし。

青木　じゃあさ、ターザンもとしまえんに呼んじゃおうか？ターザンを爆破しちゃおうよ（笑）。

——ターザンを爆破！　ああ、それはちょっと観たいかも（笑）。

青木　宇野さんのことをかばった瞬間に自分が爆破するっていう（笑）。

——「宇野くん、逃げろぉぉぉぉ！　ボガーン！」みたいな（笑）。

青木　いちばんおいしいやつじゃん（笑）。

宇野　いやいやいや……。本当に電流爆破が怖くなってきた……。

宇野薫（うの・かおる）
1975年5月8日生まれ、神奈川県横須賀市出身。総合格闘家。横浜高校時代はレスリング部に所属し、スポーツ専門学校に進学後、シューティングジム八景に入門。1996年、桜井速人戦でプロデビュー。3年後の修斗ウェルター級王座決定戦にて佐藤ルミナから一本勝ちを収め王座を獲得する。その後も、UFC、K-1、HERO'S、DREAMなど数多くのリングで活躍し、現在はVTJなどが主戦場。

青木真也（あおき・しんや）
1983年5月9日生まれ、静岡県静岡市出身。総合格闘家。幼少期より柔道で鍛え、早稲田大学3年時に格闘家としてプロデビュー。DEEP、修斗と渡り歩き、2006年2月に修斗世界ミドル級王座を戴冠。大学卒業後は警察官となり警察学校に入るも2カ月で退職して、プロ格闘家一本に。その後はPRIDE、DREAMではライト級王者になるなどして活躍。2012年7月より契約を交わしたONEを主戦場にしており、現在も日本人トップの実力を誇っている。

プロレスがわかれば世の中が、
そして世界が見えてくる。

斎藤文彦×プチ鹿島

活字と映像の隙間から考察する

プロレス社会学のススメ

撮影：タイコウクニヨシ　司会・構成：堀江ガンツ

第5回

情報の確認と検証がされないまま〝真実らしきもの〟がつくられていくネット時代。

1988年7月16日、プエルトリコのバヤモン・スタジアムでブルーザー・ブロディがレスラー兼ブッカーのホセ・ゴンザレスに刺殺されるというショッキングな事件は、ずっとプロレスファンの記憶に残り続けている。あれから30年以上が経ったいまでも事件の〝真相〟について議論がなされているが、当コーナーではブロディ刺殺事件から立ち上がるプロレスの本質、さらには社会の構造についても語る。

『ダークサイド・オブ・ザ・リング』を作っているプロデューサーはまだ30代で、いわばネット世代のメディアなんです」（斎藤）

――当連載第5回目のテーマは、ブルーザー・ブロディを通じて、プロレスを考えてみたいと思うんですよ。レスラーとマッチメーカーの関係性だったり、プロレスにおける勝敗の意味を考えるには、うってつけの存在かなと。

斎藤　プロレスを考える上で避けては通れないテーマを、ブロディを通じて考えるわけですね。

鹿島　また我々昭和からのプロレスファンは、いまだに夏になるとブロディのことを思い出すじゃないですか。

斎藤　プエルトリコでホセ・ゴンザレスに刺されて亡くなったのが、1988年7月16日で、日本武道館で追悼興行が行われたのが同年8月29日ですから、あの事件が夏の記憶として、30年以上経ったいまでも鮮明に残っているんでしょうね。

鹿島　だから夏になるとブロディという死者に思いを寄せるというのがプロレスファン

のお盆ですよ（笑）。最近、Huluでもブロディ刺殺事件のドキュメンタリー番組が作られたりして。
斎藤　『ダークサイド・オブ・ザ・リング』ですね。日本ではまだシーズン1しか配信されていませんけど、アメリカではもうシーズン2の8話目ぐらいまでいってるんですね。ディノ・ブラボー殺人事件とか、もちろんクリス・ベンワーと（妻）ナンシーの事件もあるし。
鹿島　うわー。ダークサイドですねえ。そういうプロレス事件ものを取り上げるのは別冊宝島だけかと思ったら、ちゃんとアメリカでもダークな案件はやってくれてるっていう（笑）。
斎藤　シーズン2ではロード・ウォリアーズの話もあったんですけど、その回についてはボクの英語版ポッドキャストでガンガンに文句を言ったんです。なぜなら、もう亡くなっているホークを一方的に悪者にしたような物語になっていたんですよ。
——80年代最高のタッグチームが壊れたのは、ホークのせいだと。
斎藤　アルコールとドラッグの依存症だったホークがチームを破壊したっていうストーリーになっていて。でも、それは違うからね！　途中、アニマルがホークとパワー・ウォリアーの映像を観て、「あんなもの作りやがって」って話すシーンがあるんですけど、ニュアンス的にはジョークとしての発言ですよ。そういうアニマルや、マネージャーだったポール・エラリングのコメントを、自分たちの構成に合わせてつないでいる。
鹿島　ちゃんと俯瞰した内容にはなっていなかったわけですね。
斎藤　なぜ、そういう構成になったのか。その理由のひとつとしては、『ダークサイド・オブ・ザ・リング』を作っているプロデューサーは、まだ30代なんですね。
鹿島　あっ、けっこう若いんですね。
斎藤　いわばネット世代のメディアなんです。だから80年代、90年代のことがてんでリサーチ不足のまま作られている気がします。
——ひととおり事件の概要はネットで知ってるけど、その時代特有の事情みたいなものは、皮膚感覚としてわからないわけですね。
斎藤　シーズン1ではブレット・ハートとショーン・マイケルズの〝モントリオール事件〟の回もありましたけど、あの事件がリアルタイムだった世代の人たちですよね。
——日本で言えば、『週刊ファイト』の I 編集長言うところの〝平成のデルフィン〟世代ですね（笑）。
鹿島　なつかしい（笑）。フミさんは、ブロディの本も出していらっしゃいますけど、あのドキュメンタリーはどうご覧になられました？
斎藤　「ちょっと、ここは違うな」と思う部分はいくつかありましたけど、ちゃんと奥さんのバーバラ・グディッシュさんと、息子のジェフリーくんが出演していたのはよかったと思いましたね。
鹿島　ブロディメモリアル興行で来日したときは、小さな子どもだったジェフリーくんが、お父さんそっくりな大人になっているという。

斎藤　ヒゲや長髪ではないけど、そっくりですよね。ブロディが死んだときはまだ7歳で、その子が今年で40歳になろうかっていう。ボクらも歳をとるはずですよ（笑）。

鹿島　あとボクなんかは、証言者として懐かしい名前がちらほら出てくるのもおもしろかったですね。「トニー・アトラスってあんなにいいヤツだったんだ」とか（笑）。

斎藤　ただ、そのトニー・アトラスも30年越しでコメントが微妙に変わってるんですよ。

鹿島　あっ、そうなんですか？

斎藤　ウソは言っていないと思いますが、記憶が再構成されているんじゃないかと思うんです。というのも、『ダークサイド・オブ・ザ・リング』だけじゃなくて、ブロディ事件を扱ったYouTube番組やポッドキャストなどを含めて、この事件で必ず登場するのがトニー・アトラスなんです。

――「ブロディ刺殺事件をよく知るといえば、この人！」って感じで、おなじみの証言者なんですね（笑）。

鹿島　野菜の価格高騰がニュースになると、ワイドショーとかにかならず登場する格安スーパー『アキダイ』の社長と同じで（笑）。

斎藤　だからあの番組は、ドキュメンタリーとしておもしろいんだけど、当事者に直接アタックはしていないところがちょっと不満でした。〝あの事件を知る人〟のインタビューばかりでしょ？

鹿島　トニー・アトラス以外だと、アブドーラ・ザ・ブッチャー、ダッチ・マンテルとかが出てましたよね。

斎藤　だったら、なぜボスであるカルロス・コロンにインタビューできていないのとか、実行犯のホセ・ゴンザレスには接触を試みたのか、プエルトリコの関係者にひとりでも当たったのか、という。

「大きなくくりを守るためには多少の犠牲は仕方がないみたいな考えって、どこででも起こりうる話のような気がします」（鹿島）

――話を聞きやすい人だけに聞いて構成したんじゃないかと。

鹿島　ボクらは当時、あの事件についてはプロレス雑誌や東スポでしか知ることができず、「どうやらマッチメーカーと揉めて、シャワールームで刺された」っていうくらいの情報しかなかったわけですけど。ズバリ、事件の〝真相〟はどう考えられていますか？

斎藤　刺殺犯のゴンザレスがマッチメーカーだから、マッチメイクで揉めたことが事件の原因と考える向きもありますよね。でもブロディが殺されたことと、ブロディがマッチメイク破り、ブッキング破りをする人だったというのは、ボクはこの件に関しては直接の関係はないと思っています。マッチメイクでトラブルになることはあっても、殺すまではいたらないでしょう。

鹿島　まあ、そうですよね。

斎藤　だから犯行動機は、ホセ・ゴンザレス個人の積年の恨みでしょう。というのは、ブロディとゴンザレスの因縁のようなものは、事件の10年以上前、１９７６年まで遡るんです。当時、ブロディがデビュー3年目のルーキーで、「ブルーザー・ブロディ」というリングネームをビンス・マクマホン・シニアからもらい、ＷＷＦ（現ＷＷＥ）のリングでブルーノ・サンマルチノが持つ王座に挑戦した時代、同じバックステージにいたのが、まだインベーダーになる前のホセ・ゴンザレス。ふたりは売り出し中の若手みたいな感じで、パンフレットなんかに一緒に写り込んでるんですよ。

鹿島　〝同期生〟みたいな感じだったんですね。

――ブロディは若手大型ヒールで、ゴンザレスはプエルトリコ系の観客向けのヒーローみたいな感じだったんですよね？

斎藤　そうそう。だからゴンザレスはスーパースターではないけど、中堅のベビーフェイスですよ。それで当時、東海岸のハウスショーのサーキットでは、第4試合くらいのポジションで何度もブロディvsゴンザレスが組まれていて、毎回ブロディが一方的に秒殺していたんです。その恨みがずっとあったと言われています。

――でもブロディが勝ち続けるっていうのは、マッチメーカーの意向じゃないんですか？

斎藤　もちろんそうなんでしょうけど、それ以上にブロディは眼中にないゴンザレスを一方的に踏んづけていったんでしょう。

――なるほど。勝つだけじゃなくて、ゴンザレスにいっさいの見せ場を与えないほど一方的な試合をしていたわけですね。

鹿島　ブロディは、身体の小さなレスラーを認めていなかったと言われてますもんね。だから長州力とタッグでやったときも、長州さんの技を受けずに、顔面を蹴りまくるような試合をしたり。

斎藤　ゴンザレスも大きな選手じゃないですから、ブロディからしたら無自覚に踏み潰していたんでしょうね。でも踏み潰されたほうは、ずっと憶えているものでしょ。

鹿島　なんか、いじめ問題にも通じるものがありますね。

斎藤　そして時が経ち、ゴンザレスはプエルトリコWWCのマッチメーカーになり、ブロディはそこに参戦してくるわけですけど。ご存知のとおり、ブロディはそう簡単にマッチメーカーのいいなりになるようなレスラーじゃない。

鹿島　ゴンザレスからしたら、大人になって出世したのに、そこにかつてのいじめっ子が大きな顔して来てしまったような感じだったわけですね（笑）。

斎藤　だから本当に嫌だったんでしょうね。しかもあの事件が起こった1988年当時、プエルトリコの団体WWCを運営するキャピトルスポーツ社は、カルロス・コロンが社長で、その下の役員としてビクター・ヨヒカがいて、ゴンザレスはその下のナンバー3だったんですね。ところがキャピトル社の株をブロディが買うことになって、これから役員になろうとしていたんです。それでブロディに会社に入ってほしくないゴンザレスが犯行に走ったというのが、ボクなりの推理ですね。

鹿島　もともといたゴンザレスからすれば、「なんでブロディが役員になるんだ！」っていう。プエルトリコにおいても、自分の上になるわけですもんね。

斎藤　だったら〝消す〟しかない、という結論にいたってしまったのではないかと考えられますよね。だからボクは、カルロス・コロンが代表を務めるWWCが会社ぐるみでブロディを暗殺したとは思えない。ゴンザレスがブロディをシャワールームで刺したあ

と、一度どこかにいなくなって、犯行に使われたナイフはいまだに発見されていないとか、単独犯行っぽいじゃないですか。
——だけど、あの事件を隠蔽したのは、会社ぐるみだったんじゃないかと思うんですけど。
斎藤　隠蔽っていうか、きっとそれは〝マフィア的な発想〟があったんだと思うんです。どういうことかと言うと、「殺されたブロディはブラザー。殺したゴンザレスもブラザー。ほんとうはみんなファミリーじゃないか。ゴンザレスが有罪になったら、プエルトリコのビジネスはダメになり、地元のレスラーやその家族が路頭に迷うことになるだろう。だったら、ゴンザレスの正当防衛ということにしたほうがいい」と。そういう考えで、カルロス・コロンがゴンザレスにいい弁護士をつけてあげたっていう。それが真相に近いとボクは思っています。
鹿島　共同体が食っていくために防衛したってことですか。
斎藤　もちろん、おかしなロジックだと思いますよ。でもプエルトリコではそういう解決策が選択されたんです。で、ゴンザレスの正当防衛を証明するために、ブロディがどれだけ凶暴で横暴な人間なのかを示す証拠として提出されたのが、ブロディの試合映像ですから（笑）。
——そんなの、ブロディはチェーンを振り回して暴れるのが仕事じゃないですか！（笑）。
斎藤　信じられないことだけど、これは本当のことで、結局、裁判はすぐに結審してゴンザレスは無罪になった。当時、現場にいたアメリカ人レスラーたちは、証人として法廷に呼ばれることもなくね。そうやって闇から闇に葬られたんです。だから会社ぐるみでゴンザレスを守っちゃったことはたしかなんでしょうね。
鹿島　そういうのをちゃんと聞くと、べつに遠い国の話でもなく、どこでも起こりうる話のような気がして、少し背筋が寒くなる思いがしますね。大きなくくりを守るためには、多少の犠牲は仕方がないみたいな考えが、いまもいろんなところであるじゃないですか。

「試合の結末の部分が演出されているのかどうかは別として、勝ち負けがあるわけですから、レスラーはみんな〝勝ち〟を求めるんです」（斎藤）

斎藤　それこそ日本の中枢にも、これと同じような考え方が根底にあるような問題が実在しているような気がしますしね。それで話をブロディに戻すと、刺殺事件の原因がマッチメイクに関する揉めごとではなかったけれど、ブロディ自身が簡単にマッチメーカーの言う通りにならなかったり、プロレスの勝敗に関してこだわりを持っていた人だったことはたしかなんです。
鹿島　刺殺事件とは直接関係はないけれど、ブロディがそういうレスラーではあったと。だからこそ、ブロディを通じていろんなことが考えられるわけですよね。
斎藤　だから、それはプロレスの本質の部分に触れることになるのかもしれないけど、いまは比較的プロレスの成り立ちというものがオープンに議論される時代になったじゃないですか。つまり大人のプロレスファンだったら、プロレスにおける勝ち負け、試合の結末の部分は演出されているのかどうかという議論は避けて通れない。ただ、演出されているとしても、いなくても、どっちみちプロレスラーって〝勝ちたい人たち〟ばっかりなんですよ。

鹿島　あー、それは深い言葉ですねえ。

斎藤　プロレスを知らない人たちは「演出されたお芝居なんだから、勝敗もいかようにもプロデュースできるんでしょ?」って思い込みがちなんですけど。

——映画監督が、自由に脚本を変えるようにですよね。

斎藤　でも当のレスラーたちは演出されていようが、されていまいが、「俺が勝ちたい!」って考える人たちばっかりなんです。そしてブロディという人は、試合結果がいかようにも演出できるものであるならば、なおさら「俺が負けるわけないじゃないか」というロジックを持った人なんです。

——第三者の演出を拒むと。でも通常、プロレスにおいてプロモーターやブッカーの権限というのは〝絶対〟なわけですよね?

斎藤　絶対でしょうね。合意できなければ契約を切られてもしょうがない。だから多くのレスラーは、それに従うかわりに何かエクスキューズを要求したりする。リングアウトや反則負けとか、一瞬のロールアップとかね。ロールアップっていうのは、大の字にされた状態でのワン、ツー、スリーじゃなくて、クルッと丸め込まれてのスリーだったら許すみたいなね。

——藤波さんが外国人に勝つときはだいたいそうでしたね(笑)。

鹿島　逆さ押さえ込みや、首固めで勝って「3つ入ったのか!?」ってレフェリーに確認するところまでが、ドラゴンムーブですよね(笑)。

斎藤　あとは「カウントスリー直前でサードロープに足を伸ばすんだけど、レフェリーが見ていなかった」っていうパターンとか、エクスキューズの方法はいっぱいあるんですよ。

鹿島　それって、そのまま勝ち負けがつく真剣勝負より、よっぽど深いじゃないですか。負けたくない人たちが普段は自分の腹におさめているのがむき出しになる瞬間、それを見るのがボクらの楽しみであるし、ご褒美でもありますからね。

斎藤　だから試合の結末の部分が演出されているのかどうかは別として、勝ち負けがあるなら、みんな勝ちを取りたいんですよ。レスラーで「じゃあ、今日はボクが負けておきます」なんて人はひとりもいない。

——チャンピオンベルトが獲れてうれしくないレスラーはいませんもんね。

斎藤　メインイベントに出る人はギャラも上なんですよ。負ける人はいつまでたってもギャラも下。だから結末がいかに演出されているものだとしても、やっぱり勝つことは凄く大切なんです。

鹿島　しかもプロレスの場合、勝てるようになるためには、練習すればいいっていう話でもないところが凄いですね。

斎藤　だから勝たせてもらえるポジション、つまりお客さんを動員できる人間にならないと、チャンピオンにはなれないんです。たとえば下にいる選手の番付を無理やり上げてチャンピオンなりメインイベンターにしたところで、お客さんがそれをよしとしなかったら、成立しないでしょ。

——プロレスファンは、ごり押しをいちばん嫌いますしね。

斎藤　ひとつの例として、武藤敬司ほどの天才でも2回目の海外遠征からじゃないですか、本当の意味でメインイベンターになったのは。スペースローンウルフとして最初に海外から帰ってきたときは、お客さんから「おまえはまだメインじゃないよ」という烙印を押された感じだったじゃないですか。

鹿島　でもWCWのトップで活躍したのを経て、2回目に凱旋帰国したときは、新日本を変えましたよね。

——ブロディというのは、〝負けないトップヒール〟という地位を早くから築いていたわけですよね？

斎藤　そうですね。それはブロディが信頼するボスであるフリッツ・フォン・エリックの影響が大きいと思います。フリッツはほかのテリトリーにブロディを出すときに、「簡単に寝るなよ。寝たら戻ってきたときに価値が落ちるから」みたいなことを言ったと思うんですよね。そして、各地に根回しもしただろうし。

鹿島　フリッツ・フォン・エリックの助言とうしろ盾があったことで、ブロディが我を貫けたわけですか。

斎藤　そしてWWEでサンマルチノとやった頃から、もうスター街道を歩み始めてましたから。ところが半年くらい経って、当時のロッカールームでいちばん偉かったゴリラ・モンスーンと喧嘩をして、WWEを辞めるんです。ゴリラ・モンスーンの地位というのは、要するにマッチメイカーですよ。

鹿島　もう、その時点からマッチメーカーと揉めていたという（笑）。

斎藤　そのケンカの経緯や、その後の話については、いろいろと脚色されている部分があって、どこに真相があるのか不透明なんです。あるストーリーでは「ブロディがゴリラ・モンスーンとケンカをしてWWEをクビになったことでブラックリストに載ってしまい、アメリカのプロモーターがどこも使ってくれなくなったから、仕方なくオーストラリアに行った」という話もあるんですけど。ボクはそれは違うと思うんですよ。

鹿島　「ブラックリストに載った」というのは、いわゆる都市伝説じゃないかと。

斎藤　なぜなら、そのあとインディアナポリスWWAに行って、先代の〝ブルーザー〟であるディック・ザ・ブルーザーとブロディによるブルーザー決定戦みたいなのをやっていたし。セントルイスに行けば、ブロディはなぜかプロレス界のアウトローな立場にいる人なのに、ミスターNWAであるサム・マソニック会長とは仲がよかったりして。

「いまは世の中自体が、言いっぱなし、言われっぱなしのことがいつの間にか事実になっちゃっていたりする」（鹿島）

——ブロディは、ハーリー・レイスともNWA世界戦を何度もやってますよね。

斎藤　そうなんです。総本山セントルイスから弾かれていないということは、ゴリラ・モンスーンがお達しを出して、ほかのプロモーターがブロディを使えなくしたっていうのはないと思う。実際、いろんなテリトリーに上がっているし、フリッツ・フォン・エリックのWCCWはブロディのホームリングみたいなものだし、サンアントニオのジョー・ブランチャード派には地元だからいつでも上がることができましたしね。

鹿島　「ゴリラ・モンスーンがブロディを干した」っていう噂を流したのは、誰にメリットがあってのことだったんですか？

斎藤　メリットというか、そのストーリー自体が『プロレス・スーパースター列伝』的なことになっているんだと思います。

鹿島　なるほど。脚色された逸話というか、ブロディ伝説のひとつになっていたわけですね。

斎藤　実際、1976年にブルーノ・サンマルチノに挑戦した翌年、ブロディがオーストラリア・ニュージーランド遠征に行ってることは事実なんですよ。メルボルンでアンドレ・ザ・ジャイアントをボディースラムで投げてキングコング・ニードロップでフォールしたっていう有名なストーリーがあるじゃないですか。

鹿島　ありますね。あれも都市伝説なのかどうなのか、ファンにはたまらない逸話ですけど、本当のところはどうなんですか？

斎藤　ブロディ自身も「アンドレをボディースラムで投げて、最後はフォールした」って豪語してるんですけど、映像がないんですよ。

鹿島　UFOの映像がないのと一緒ですね。墜落したとは言うけれど、証拠が残されていない（笑）。

斎藤　それが真実なのかどうなのか、『Gスピリッツ』的なマニア感覚で調べようとするじゃないですか。でも、調べても出てこないんですよ。

鹿島　現地の新聞とか、記事ベースでは出てこないと。

斎藤　だから、それはきっと伝説なんだろうなとボクは思います。ローラン・ボックvsアンドレ・ザ・ジャイアントの映像がないのと一緒で。

鹿島　だけど、そういう伝説が作られるとき、かならず利用されるアンドレもまた凄いですよね。

斎藤　それは、アンドレという存在自体が生きる伝説だからでしょうね。「俺はアンドレをフォールした」って、ブロディが勲章として語るくらいだから。

——「普通のキングコング・ニードロップでは倒せないから、トップロープからのニードロップを決めたんだ」とか、ディテールにもこだわって（笑）。

鹿島　ファンとしたら、そういう幻想に乗っかる気持ちよさっていうのもありますからね。

斎藤　ただ、ボクらの年代だったら、東スポ、『ゴング』、『月刊プロレス』はそれぞれどう報道しているか、一応違うメディアを見て回る術はあったわけですよ。だけど『ダークサイド・オブ・ザ・リング』を観ている世代、あるいは作っている世代はその術すらないんですよ。

鹿島　いまって世の中自体がそうじゃないですか。言いっぱなし、言われっぱなしのことがいつの間にか事実になっちゃっていたり、調べようともしないっていう。

斎藤　あきらかに誤った情報がネット上をひとり歩きするんです。しかも、ホントと同じくらいの価値観で信じられている場合があったりする。

鹿島　それって何かに似てるなと思ったら、

『女帝 小池百合子』ですよね。小池さんも言いっぱなしですもんね。

斎藤 あっ、カイロ大学卒業の件？（笑）。

鹿島 そうです。エジプトでの数々の実績は、全部、小池さん発信で裏取りがされてないことばかりじゃないですか。なぜ、それが事実であるかのように信じられてきてしまったかといえば、70～80年代のオジサン記者たちが、若い子がカイロから帰国したってことでチヤホヤして、「首席で卒業」とか検証もせずに記事を作っちゃったんですよ。それを思い出しましたね。

——で、その記事が、後世の資料になったりするわけですもんね。

鹿島 そうなんですよ。言いっぱなし勝ちっていう。だからブロディがアンドレをキングコング・ニードロップでフォールしたっていうのは、小池百合子が「カイロ大学を首席で卒業」って言ってるのと同じですよ（笑）。

斎藤 ブロディのアンドレをフォールは伝説ということで片づけられるけど、小池都知事のカイロ大首席で卒業は、それが事実じゃなかったら重大な経歴詐称ですからね。

鹿島 でも、それが恐ろしいことに検証もされずに残っていっちゃうという。

斎藤 その話が最初に出てから30年以上経っているわけでしょ。これが10年後にはもっと強固な情報になって、それこそそっちが事実なんだっていう力を持ちかねない。

鹿島 だから言いっぱなしの情報戦は、気をつけなきゃいけないですよね。

斎藤 いまは活字で残されていたものがネットに転載された情報と、もともとネット発信の情報の両方がありますけど、どの世代がいつそれを報じたかっていうことが検証されずに、これから先はすべてネットの情報として統一される。だからもう、そのあたりの区別がつかなくなる人がどんどん大人になっていくわけですよ。

「ブロディは没後30年以上経ってもボクたちに宿題を突きつけている。『プロレスは試合結果が演出されたエンターテインメント』という単純なロジックだけでは解読・解明できないわけだから」（斎藤）

鹿島 ボクらは、そのメディアがどんな"キャラ"なのかわかるじゃないですか。たとえば東スポの一面をUFOやツチノコが飾っても、それはそれで楽しめますけど。これから先は、それを真正面で捉えちゃう人が増えて、冗談で終わらないことにもなりかねない。

斎藤 強調しておきたいのは、いまネットで作られて実際には存在しない"プロレス用語"がひとり人歩きをし始めてるんですよ。たとえばボクやガンツくんなんかがいちばん嫌いな、「ケツ決め」って言葉とかね。

——あとは「勝ちブック」とか（笑）。

斎藤 「勝ちブック」「負けブック」、あとは「誰がブック書いた？」とかって、本じゃねえよって。

鹿島 プロレスを語るとき、平気で使ってるヤツがいますよね。

——プロレス業界の人間やレスラーは誰も使っていない、隠語ですらない言葉なのに（笑）。

斎藤 だってそんな言葉はないもん。でもそういうネットスラングでしかないものが、業界用語であるかのように使われて、プロレスファンになったときから「そういうもんなんだろうな」と思ってしまう世代が、すでに存在していることはたしかだと思うんですよ。だから最初の話に戻すと、その人たちは「プロレスっていうのは勝ち負けが演出されているわけね」「だったらいかようにもプロデュースできるわけね」って簡単に考えてしまって、「自分が選手だったらどう思うだろうか?」っていうところに思いが及ばないんです。

鹿島 だからレスラーが当然抱くはずの感情が抜け落ちて、完全にスルーされていますよね。

斎藤 たとえば鹿島さんがブッカーで、堀江ガンツとフミ斎藤のシングルマッチが組まれたとして、ブッカーに「悪いけど今回はガンツがアップ」って言われても、ボクが「後輩のガンツにフォール負けは嫌ですよ」ということは、当然出てくるわけですよ。

——同じ負けるにしても、誰にどうやって負けるかが重要という、それぐらいデリケートな話なわけですよね。

斎藤 負け方によって試合の意味合いが全然違うんです。だから「ギブアップとピンフォールのどっちが嫌ですか?」って聞くと、アメリカ人レスラーの感覚で言えば、ギブアップがいちばん屈辱的なんですね。そのなかでもっとも屈辱的なのは、リング中央でスリーパーホールドで失神するとか。それがいちばんの屈辱なんです。

鹿島 戦闘不能状態にされるのがいちばんの屈辱だと。

斎藤 「だったらまだピンフォール負けのほうがいい」っていう感じで。実際、ボクはブロディにもその質問をぶつけてみたら、「ギブアップ負けがいちばん屈辱的に決まってるじゃないか」って言っていて、横にいたジミー・スヌーカも「それはそうだよ」って言ってたから、やっぱりアメリカ人の感覚はそうなんです。「じゃあ、どうしてピンフォール負けもダメなんですか?」みたいなことをボクがちらっと聞いたら、「フォールも許さないけど、ギブアップは論外だから絶対にありえない。だけどフォールを奪われる瞬間があるとすれば、そのときは『クイックで来てよ』と言うね」と。クイックっていうのは、逆さ押さえ込みとか、スモールパッケージホールドのことで。スタン・ハンセンなんかは、カウントスリーを獲られた瞬間に起き上がって大暴れするみたいなことをやりますよね?

鹿島 たしかにハンセンはそれやりますね。大暴れして「ダメージはないぞ」っていうのをアピールする(笑)。

斎藤 それがブロディとハンセンの考え方だと思うんですよ。クイックフォールならまだよくて、大の字で負けるのはとにかくダメ。だからブロディがジャンボ(鶴田)さんの雪崩式バックドロップを喰らって、ワン、ツー、スリーを取られたっていうのは、最高級の負け方だったんです。

鹿島 「ジャンボならその負け方でもいい」と思うくらい、ブロディのなかで鶴田さんの評価が高かったということですよね。

斎藤 評価が高かったし、ブロディが日本人レスラーでいちばん気に入っていたのがジャンボさんだから。背丈といい、リズムやスピードが凄く合うんですって。「猪木よりも誰よりもジャンボがナンバーワン」っていうのはブロディ本人がずっと言っていたことなので。

――だからブロディは結局、猪木さんには一度もフォール負けしませんでしたもんね。

斎藤　1985年に全日本から新日本に電撃移籍して、1年間にアントニオ猪木とシングルマッチを6回もやったのに、ただの一度もフォール負け、ギブアップ負けをしていません。

鹿島　それまで猪木さんの敵役である大物外国人レスラーは、タイガー・ジェット・シンにしても、ハンセンにしても、かならずフォール負けしていますけど、ブロディだけは負けていないんですよね。

斎藤　翌1986年の60分フルタイムも含めて、対戦成績は猪木さんの1勝2敗3引き分けですから。

――あのアントニオ猪木が負け越し！

斎藤　しかも、その1勝2敗もリングアウトや反則がらみで、一度もクリーンな決着はなし。言うなれば、新日本のほうがブロディの意向を飲んで、試合を成立させているわけです。普通、80年代のアントニオ猪木だったら、どんな大物外国人レスラーにも勝っちゃいますよ。

鹿島　実際、無敗伝説を持っていたアンドレにも腕固めでギブアップ勝ちしていますしね。

斎藤　そうです。それにも関わらず、アントニオ猪木が相手でも絶対に自分は負けないということを通し、それを成立させられたブロディというのは、本当に特異なレスラーだと思います。

鹿島　プロレスはいかようにも演出できるはずなのに、最後はタッグリーグ戦の決勝戦をボイコットしたり、新日本は最後まで、ブロディをコントロールできなかったわけですしね。

斎藤　だからブロディは、没後30年以上経ってもボクたちプロレスファンに宿題を突きつけているわけです。「プロレスは試合結果が演出されたエンターテインメント」というロジックだけでは、いまだにブロディというレスラーを解読・解明できないわけだから。

「40年、50年もプロレスを観てきてもまだ不思議なことがたくさんあるじゃないですか。それを昨日今日ネットで読み始めた人が理解できるはずがない」（斎藤）

鹿島　いやあ、ブロディは本当に語れますね。

――でもいまは、ブロディのように我を通すレスラーはほとんどいなくなりましたね。

斎藤　いまはWWEや新日本プロレスのような巨大プロモーションが、完璧にプロデュースする時代になってきていますからね。ビンス・マクマホン帝国のWWEでは、いち契約レスラーが「それは俺は嫌ですよ」っていうのが成立しない。ブロディが亡くなった時代は、ちょうどアメリカのプロレス界が過渡期だったんですよ。ブロディが活躍していた80年代前半までは、アメリカ中に大小のプロモーションが点在していて、ブロディはひとつの団体に留まるのではなく、さまざまな団体を渡り歩いていた。

鹿島　それこそ、前号で語っていただいたNWAという組合が機能していて、それも可能だったわけですよね。

斎藤　しかし、1984年からWWFによる全米制圧作戦がスタートし、各地のローカル団体がどんどん潰れていった。そしてブロディが亡くなった1988年7月の3〜4カ月前には、かつて〝世界最高峰〟と呼ばれた連帯組織NWAも沈没するんです。

NWAフロリダとか、NWAセントラルステイツとか、NWAジョージアとか、NWA加盟テリトリーがどんどん潰れていったときですよ。ザ・シークさんのデトロイトも潰れたし、ディック・ザ・ブルーザーのインディアナポリスも潰れた。総本山セントルイスも潰れた。そしてNWAクロケットプロがテレビ王のテッド・ターナーに買収されてWCWが誕生。WWEとWCWの2大メジャー時代に突入するわけです。ブロディのように、ある団体と揉めても、すぐに次の団体に移るということができない時代になっていったんですよ。

鹿島　そういう時代の流れで、80年代後半は大物レスラーがどんどんWWFと契約していきましたけど、ブロディは行かなかったんですよね。

斎藤　ブロディぐらいの大物なら、WWFと大型契約も結べたと思います。でもWWFに行ってしまったら、いくらブロディであってもハルク・ホーガンの敵役のひとりでしかなく、レッグドロップ（ギロチンドロップ）を喰らって、ワン、ツー、スリーは避けられなかったでしょう。あのアンドレだってそうだったんだから。それがわかっていたからこそ、ブロディは行かなかったし、ハンセンも行かなかった。

鹿島　自分の価値を守るために、あえてメジャーにはいかないっていう生き方ですよね。

斎藤　そしてアメリカでの〝職場〟が少なくなってきたからこそ、ふたたび全日本プロレスに本格的に腰を据えるようになった。

鹿島　1988年に行われた鶴田vsブロディの連戦が、どちらもピンフォール決着になったのは、全日本が大物同士の対戦であっても完全決着がつく物語を提供をしていく先駆けにもなりましたよね。

斎藤　あの時点で馬場さんは、ハンセンvsブロディの始まりを用意していたんですよ。そしてそれは1回で終わるのではなく、鶴田vs天龍と同じように何度もやるつもりだったんでしょう。決着がついても、負けたほうの価値が下がらないような形で、鶴田、天龍、ハンセン、ブロディの4人がしのぎを削る、5年くらい続く物語になっていたかもしれない。

鹿島　新しいステージに入ったところだったんですね。

斎藤　そしてプエルトリコは、全日本に次ぐ第二のホームリングとして、1年のうちに何度かいく場所と考えていたんでしょう。選手としてリングに上がるだけでなく、プエルトリコWWCの株を買ってそこの役員になるつもりだった。それって、それまでのブロディとはちょっと違うやり方であったことはたしかなんです。

鹿島　プロレス界が大きく変わったあの時期に、ブロディ自身も人生の転機を迎えていたわけですね。

斎藤　そうです。ブロディも40代になっていましたからね。そしてWWCの役員になろうとしたことが、ホセ・ゴンザレスに刺殺されるひとつの要因にもなってしまった悲劇というのは、何か運命的ですよね。

——ある意味、すべてが管理されたプロレス界を経験せずに、ブロディはこの世を去って行ったわけですよね。

斎藤　そうとも言えるかもしれない。それから、試合の結末については、演出があったとしてもなかったとしても、実際にそれを観るまではボクたちは知りません、わかりません。それと同じことなんですよ。

鹿島　そんな簡単なものじゃないってことですよね。

斎藤　ボクらは40年、50年もプロレスを観てきてもまだ不思議なことがたくさんあるじゃないですか。それを昨日今日観始めた人、ネットで読み始めた人が理解できるはずがないですよ。

鹿島　これはいい話ですよ。まだ不思議ですもん。

斎藤　それは映画や音楽、文学や芸術のことがなかなかわからないっていうのと同じディープな知的欲求じゃないですか。プロレスの不思議さというのは、昨日今日からそうなったものではない。いまから200年くらい前にプロレスが始まって以来、ずっと構築されてきた歴史の積み重ねがある。だからこそ、プロレスを観ること、考えることに終わりはないし、ボクらも魅了され続けているんだと思いますよ。

斎藤文彦
1962年1月1日生まれ、東京都杉並区出身。プロレスライター、コラムニスト、大学講師。アメリカミネソタ州オーガズバーグ大学教養学部卒、早稲田大学大学院スポーツ科学学術院スポーツ科学研究科修士課程修了、筑波大学大学院人間総合科学研究科体育科学専攻博士後期課程満期。プロレスラーの海外武者修行に憧れ17歳で渡米して1981年より取材活動をスタート。『週刊プロレス』では創刊時から執筆。近著に『プロレス入門』『プロレス入門Ⅱ』(いずれもビジネス社)、『フミ・サイトーのアメリカン・プロレス講座』(電波社)、『昭和プロレス正史 上下巻』(イースト・プレス)などがある。

プチ鹿島
1970年5月23日生まれ、長野県千曲市出身。お笑い芸人、コラムニスト。
大阪芸術大学卒業後、芸人活動を開始。時事ネタと見立てを得意とする芸風で、新聞、雑誌などを多数寄稿する。TBSラジオ『東京ポッド許可局』『荒川強啓 デイ・キャッチ!』出演、テレビ朝日系『サンデーステーション』にレギュラー出演中。著書に『うそ社説』『うそ社説2』(いずれもボイジャー)、『教養としてのプロレス』(双葉文庫)、『芸人式新聞の読み方』(幻冬舎)、『プロレスを見れば世の中がわかる』(宝島社)などがある。本誌でも人気コラム『俺の人生にも、一度くらい幸せなコラムがあってもいい。』を連載中。

THE PEHLWANS

［ShinsukeNakamura］

サンタフェ
Tシャツ

https://thepehlwans.stores.jp

中邑画伯のぬりえコーナー

第29回『MOTO』

いま、新型コロナの影響でオートバイの販売台数が大幅に増えているらしい！ なんでも公共交通機関を避けようっていう動きが広がってるからなんだと。ちなみに中邑画伯は中型免許を所持。大型は取りに行く暇がなかったんだって。オートバイっていいよね〜。ああ、愛しのオートバイよ!!

ぬったイラストを写真に撮って、ツイッターやインスタグラムなどに投稿してみよう。そのときはかならず「＃中邑画伯」を忘れずに。そうしたら、みんなの作品を中邑画伯や編集部員たちが見つけてニンマリすることができるから！

新連載スタート!

坂本一弘

馬乗りゴリラビルジャーニー（仮）

第1回 レオポン

（さかもと・かずひろ）
1969年3月4日生まれ、大阪府大阪市出身。
修斗プロデューサー/株式会社サステイン代表。

——先月、坂本さんにインタビューをさせていただいたあとに一緒に飲みに行かせていただいて、このたび晴れて連載スタートという運びになりました（笑）。

坂本　なんか酒の勢いでオッケーしちゃいましたけど、いいのかな、本当に（笑）。

——やり口が昏睡強盗に近いっていう（笑）。じつは今号で、8月1日の修斗の後楽園大会で初代女子スーパーアトム級王者になった黒部選手をインタビューさせていただいたんですよ。

坂本　さすが。さっそく「男の中の男」に名乗りを挙げたわけですよね？（笑）。

——違うんですけど、まあその手の話をたくさんしてきました（笑）。できたら近々、同じ日に環太平洋バンタム級王座決定戦で田丸匠選手にTKO勝ちした安藤達也選手にもインタビューしたいなと思ってるんですけど。

坂本　ああ、いいじゃないですか。『KAMINOGE』向きだと思いますよ。

——あの人は大学レスリングの素養があり、ファイトスタイルや面構えなんかもKID選手を彷彿とさせますよね。でも練習が嫌いでまったくしないっていうのは本当なんですか？

坂本　それ、直接本人に聞いてみたらいいじゃないですか（笑）。安藤は闘うセンスが優れてるというのか、行くときと行かないときの判断がきちんとできる動物的なタイプだと思うんですよ。変に深追いもしなければ、無理もしない。だけど行けるときにキチッと行って噛む、逃がす。また噛む、逃がす。要するに相手を早く仕留めようとするのではなく、確実に仕留めようとするんですよね。

——まさに動物的な。

坂本　その確実に仕留めるためにはどうしたらいいかってことをちゃんと試合の中でできる数少ないタイプですね。でも、たぶん彼の中では試合を組み立てるという感覚すらないんじゃないかと思うんですよ。今回も田丸みたいな選手が相手だと「一歩間違えば持っていかれる」というのがあるし、自分がどう動くかという意思決定を間違えたらや

構成：井上崇宏

られちゃうじゃないですか。だけど、そこの狂いが非常に少なくリカバー力が優れているのでミスがミスに見えにくいというか。

——できたら来月にでもインタビューしたいですね。そのときはつないでいただけますか？

坂本　もちろんです。

——あっ、一応、電話とかLINEはつながるんですね？（笑）。

坂本　つながりますよ、試合に出てるんだから（笑）。でも1日に1回しかチェックしていないような感じですけどね。ちょうどボクもきのうの昼に彼にメールを打ったんですけど、返ってきたのがついさっきですから。自由というか（笑）。

——あー、そういうメールとかLINEをあまりチェックしない人ってちょっとうらやましいですね（笑）。

坂本　ビジネスとしてはたぶんダメでしょうけど、うらやましいですよね。ボクらは常にチェックしますもんね。

——というわけで、この連載では修斗の現在と過去を行き来するような感じでいけたらなと思っています。

坂本　先月のインタビューって、どこまで話して終わったんでしたっけ？

——坂本さん個人の話としては、アマチュアで連勝を重ねていたところまでですね。プロデビューまでも辿り着いてないです（笑）。

坂本　そっか。それでボクはプロになってからも3連勝したんですけど、4戦目で渡部（優一）さんとやって負けちゃうんですよ。そのあとに王座決定戦じゃなくて「王座認定戦」というボクが勝ったときだけチャンピオンになるみたいな特殊なスタイルの試合でも負け、次の王座決定戦でまた負けて結局3連敗するんです。まあ、一言で言うと調子に乗ってたんです。

——坂本さんは調子に乗ってるのが似合いそうですもんね（笑）。

坂本　イケイケで調子に乗ってたんですよ（笑）。ただ、これまでの自分の人生がどうだったかをパッと振り返ってみたときに「あのときに負け続けてよかったな」って思えるんですね。諸手を挙げてハッピーだって言うつもりはないけど、まあ悪くない人生だよねって思ったときに「絶対に修斗の初代チャンピオンになるんだ」と思っていたのになれなかったというのもよかったんじゃないかなって。

——修斗の初代王者を決めるって時代ですから、まさにMMAの黎明期ですよね。

坂本　MMAという呼び方自体がなかったわけですから。だから言い方としては「総合格闘技」となっていますけど、厳密にはその字面はダメなんですよ。「合わせたもの」ではないから。もちろん打・投・極それぞれベースは足さなきゃいけないんだけども、実際はそれらをいかにグチャグチャにできるかだってことを佐山先生も当時からずっとおっしゃっていて、要するに「かけ合わせ」なんですよ。〝レオポン〟って知ってます？

——レオポン？

坂本　ヒョウとライオンをかけ合わせたレオポンっていうのが、昔、阪神パークにいたんですよ（笑）。ただ足すだけじゃダメ、足して何を生み出すかが重要なので、そこでレオポンを思い出さなきゃダメなんですよ（笑）。

――まさに「かけ合わせ」だと（笑）。つまり総合格闘技とは、全3教科や全5教科の中でどの問題が出るかわからない、総合格闘技という1教科だというイメージですかね。

坂本　だから「MMAはトライアスロンだ」っていう言い方をする人もいますけど、それも違うよと。MMAは泳ぎながら、自転車を漕いで、走れるんですよ。それが総合格闘技というか修斗なんですよ。だから理念というのは大事なんです。修斗のコンセプトというか、「MMAとはこうだよ」ということの成り立ちがそこにあるわけですから、それは目指さないとダメだよなとは思いますよね。もちろん、最初は足すことから始まるんです。ボクシングとレスリングを足す、空手と柔道を足す、いろいろ足すことから始めるんですけど、足しながらオリジナリティというのを出していかないとダメだなとは思いますよね。

――坂本さんは、そういう闘いが初めてこの世に生まれ落ちた現場にいた人間というわけですよね。

坂本　佐山先生はそれまでにないものを作っていたわけですからね。ただ当初は、佐山先生の頭の中にはあったけど、ボクら選手はどうしたらいいのかとなったときに、たとえばボクだったらハイキックからタックルに入るとか、ローキックからタックルに入るという組み合わせだったので、それって下手すれば、レベルの低いレスリングとレベルの低いキックボクシングを足しただけみたいになっちゃう。それじゃダメなんですよ。足すなら足すで、その足し方もセンスが必要で、たぶん数学でも答えを出すときに「この方程式はセンスがあるね」とかってあるんだろうって思いますよ。

――解き方ですね。

坂本　「この解き方は、まあ誰でも普通に思いつくけどね」っていうものではない解き方。あるいは「この解き方は俺にはできないから、こっちの解き方をする」でもいいと思うんですよ。だから当時は誰も思いつかない、誰もできない方程式を作ろう思ったから、ハイキックからタックルということだったりはしましたね。

――その坂本さんが一時期、「調子に乗ってた」っていうのは、具体的にどういうことだったんですか？

坂本　結局は「敵は我にあり」っていうことだと思うんですよね。「好事魔多し」とも言うんですかね。相手がどうとかっていう以前に自分が敵なんですよね。たとえば練習をサボる、相手を舐めてかかる、そういうことだったと思うんです。あるいは試合で横綱相撲をしようとするとか。それはすべて自分の中で内包している覚悟の問題で、誰がどうだとか、環境のせいではまったくないんです。でも、ちゃんとやりさえすれば自分はチャンピオンになれるとずっと思っていたので、結果は結果。生まれて初めて勝負に負けたわけでもないし、前回、生い立ちのことも少し話しましたけど、もともとが勝ち組の人生ではなかったんだから。だから、たとえ3連敗しようが、まあ多少反省もするけども、べつにガキの頃にはもっとつらいことだっていっぱいあったし、たいしたことはないっていうか（笑）。調子に乗っていたことは間違いないけど、それでメシが食えないわけでもなければ、死ぬわけでもでない、ちゃんとやってたらいつか絶対にチャンピオンになれるんだからっていう。

――思い詰めるものではないっていう。

坂本　そうですね。ただ、そこからひとつ自分が変わったことというのは「自分に対してきちんと〝復讐〟すること」ですよね。もちろん得意分野を伸ばすことも大事だとは思うんですけど、それよりもできないこと、たとえば1日1000本ちゃんと蹴ってたら誰でも蹴れるようになるんですよ。そういう単純なことをもう一度やり直したってことですね。だから当時、ボクは1時間20分くらいずっとミットを蹴り続けてたんですよ。それをやって誰が気の毒だと思います?

――誰が? あっ、ミット持ちですか?

坂本　そうです。ボクがやめないから、1時間以上ずっとミットを持ちっぱなしですよ(笑)。まあ、そういう犠牲の上に成り立っていたという残酷さももちろんありますよね。

――黎明期というのはそういうものですね……(笑)。

坂本　もちろん、そのときミットを持ってくれていた人には感謝ですけど、当時はボクも必死ですから、納得がいかなかったらできるまでやるっていう。いちばんよくないのは「感触が残っちゃう」っていうことなんですよ。

――感触が残っちゃう?

坂本　たとえば、試合で打ち合いになって倒せていたヤツが倒せなくなる、逆に倒される側になったりもするわけじゃないですか。でも「俺のパンチが当たって倒れた」という感触が残っていると、それが成功体験としてインプットされてしまうことがあるんですよ。でもそのうちコンマ何秒のずれで打ち負けちゃう。その感覚のズレっていうのがいちばん怖いんです。そのズレは戻していかないといけないし、ズレていることに気づかないと少し危険ですね。

――ひと昔前のプログラミングを疑って、バージョンアップしないとっていう。

坂本　もちろん、信じる気持ちっていうのも大事だと思うんですけど、我々は「自信と過信の合間」で生きてるから「それは過信だよ」っていうときもあれば、その過信で勝つこともあるんですよ。そうなるとそれは自信に変化すると思うんですね。でも、その自信も「なぜ当たったのか?」って疑わないとダメなんですよ。よく「ラッキーパンチ」とかって言われたりするじゃないですか? でも、倒すシステム的には大まかに2パターンしかなくて、「自分で作った」か「相手がミスした」、それしかないんですよ。もちろん自分で作れたら修正はしやすいんですよ。フェイントかけてブラフを仕掛けてガードを下げさせたとか、テクニックでどうこうするっていう。それはバージョンアップも修正も可能なんですけど、相手のミスでダウンを奪ったことを自分の実力だと思い込んでしまうとちょっと厳しいですね。もちろんそれも実力なんですよ。でも、いくら倒せるパンチがあったとしても、それがどっちのパターンか見極めないと。そこで「これは俺が作ったんじゃなくて、相手のミスでできたんだな」っていうことをスパーリングとかでも把握していないとダメですよね。そうしないと感触だけが残ってしまう。「いや、この感触があるんだよね」って。意思と伝達がズレてきているんですよ。

兵庫慎司のプロレスとはまったく関係なくはない話

第63回 苗字と名前を間違えるべからず

いつも通っているエニタイムフィットネスに、「来月から使える1カ月分の会費1000円ディスカウントチケット」が置かれていた。もらって、翌月になって、スタッフに「これお願いします」と渡したら、「お名前いただけますか?」と言われた。

「兵庫です」と答えたところ。

「すみません、苗字をお願いします」

はあ?

「いやいや、苗字が兵庫です。兵庫慎司といいます」

「あ、そうですか、失礼しました」

そうよ！ほどがあるわよ、失礼にも！

と、思わず口調がオネエになってしまうくらいの失礼さではないか、これは。

いや、「兵庫」という名前は、たしかに下の名前っぽくはある。言葉の響き的に「慎吾」や「大吾」などとの仲間感があるし、安土桃山時代の武将「舞兵庫」や、南條範夫の小説で時代劇にもなった『素浪人月影兵庫』など、日本史関係では下の名前として出てくることもめずらしくない。実際、過去にも、知り合ってけっこう経つ人から、「兵庫って苗字なんなん?」と訊かれたことも、一度でなく、ある。

だから、下の名前と間違えられたことはべつにいい。それ自体が失礼なわけではない。ただし。じゃあ、「知り合ってけっこう経ってから苗字を訊かれる」のは、なんでそうなるのかというと、たとえばですね。

行きつけの飲み屋で面識ができる→ほかの誰かが「兵庫」と呼んでいるのをきいて、僕の名前を覚える→その時点で「下の名前で呼ばれてる人なんだな」と判断した。

というわけだ。それはわかる。さもありなんだ。小松和重や平田敦子がいた劇団だ。それはサモ・アリナンズだ。ええと、だから、そのように間違えられるのはべつにいいのだが、エニタイムフィットネスのケースは、これとは抜本的に事情が異なる。

「面識のないジムの女性スタッフに向かって、いきなり下の名前を名乗る奴」

と、俺のことを認識した。それがとても失礼である、という話なのです。52歳ですよ? ランニングマシンで5キロ走った直

兵庫慎司

（ひょうご・しんじ）1968年生まれ、広島出身、東京在住。音楽などのライター。雑誌は『週刊SPA！』や『月刊CREA』等、ウェブはSPICEやリアルサウンド等に書いています。DI:GA ONLINEの、観たライブすべてについてひとことレポしていく連載『とにかく観たやつ全部書く』は、日々配信ライブを観ながら月2回ペースでアップ中。

後で、汗だくですよ？　ほかの名前に置き換えてみればわかりやすい。汗まみれのおっさんが、マスク越しにフーフー荒い息を吐きながら、いきなり「崇宏です」。あきらかにどうかしてるじゃないか、そんな奴。『ゴッドタン キス我慢選手権』における劇団ひとりでさえ、「省吾。川島省吾」と、フルネームを付け足す常識を持ち合わせているというのに。

と、書いて気がついた。そうか、「ひょうご」が「しょうご」と聞こえたのか。にしてもそこで、「しょうご？　いやいや、いきなり下の名前を言うわけがない、だったら『正午』っていう苗字なのかしら」というような方向で頭を働かせていくのが道理ではないか。「省吾です」。初対面でそう名乗る。ホスト以外ありえない。

と書いて、また気がつく。書いていろいろ気がつく連載ですね。何に気がついたのかというと、女性もそうだ、下の名前だけだ、キャバ嬢とか風俗とか。さらに言うなら、居酒屋の若いバイトとか、男女問わず「えみ」とか「たくや」みたいに、平仮名の名札を付けていたりするじゃないですか。あれ、昔はなかったですよね。キャバクラやホストクラブの「名乗りグルーヴ」が、居酒屋にも伝播してきた、ということなのだろうか。ことなのだろうな。

という件とは、話の軸が、あからさまにずれるのだが。

「ハンドルネームで呼ぶ」

ということに、僕は、どうしても慣れることができない。ウェブ上はいいけど、そのウェブ上のハンドルネームで有名な人と実際に会った時に、「はあちゅうさん」とか「スイスイさん」とか呼ぶのが恥ずかしくて無理！という話です。どっちも会ったことないけど。あ、この場合、恥ずかしいのは、先方が、じゃなくて、自分がそう呼んでいるという事実が、です。

たとえば「燃え殻」という作家がいる。ツイッターのハンドルネームを「燃え殻」にしていたら、そのツイートが人気になって、小説を書けと勧められ、書いたらベストセラーになって、その名前が作家のペンネームとして固定化した人だ。彼とは面識があって、月イチくらいで飲む機会があるのだが、どうしても「燃え殻さん」と呼べないのです。恥ずかしくて。「山田さん（仮）」というふうに、本当の苗字で呼んでしまう。でも、たとえば共通の知人である編集者も、よく一緒に行くバーのマスターも、普通に「燃え殻さん」と呼んでいる。俺だけなのか、この「ハンドルネーム恥ずかしい病」は。

話が転がりすぎて、何を書いているんだかわからなくなってきたついでに、最後に言いたい。井上崇宏『KAMINOGE』編集長。本誌に載った長州力のインタビューを1冊にした『ほんとうの長州力』も刊行されたことだし（即買いました）、「井上なのになぜか長州に山本と呼ばれ続けており、それを訂正するのをあきらめて幾年月の男」という説明が、もう本当に面倒なので、いっそ「井上山本」というペンネームにしちゃえばいいじゃないか。と、私は真剣に思っている者です。

しなさいな。素敵じゃないですか、苗字二弾重ね。「松尾スズキ」みたいで。

KAMINOGE COLUMN

TARZAN by TARZAN
ターザン バイ ターザン

TARZAN YAMAMOTO

INTERVIEW SERIALIZATION

はたして定義王・ターザン山本！は、ターザン山本！を定義することができるのか？「ギャラを1000万プラスしろ」と言うわけですよ。『夢の懸け橋』で俺がいちばん学んだことというのはジャイアント馬場の底意地の悪さですよ！　あの人のキラーで意地悪な部分を徹底的に見させられましたよ !!」

VOL.014

絵　五木田智央　聞き手　井上崇宏

第十四章

夢の懸け橋PART.2

「週プロの売り上げの下降という現実問題と、チケットの売れ行きというのが完全にマッチしていたんですよ」

――山本さんがじつは開催することにまったく気乗りしていなかった『夢の懸け橋』に、最初にリングス・前田日明の参戦が決まったというのはモチベーションも変わってきますよね？

山本　変わったというか、ちょっと救われたというかさ、これはとてつもなく大きな壁を突破したなと思ったよね。それで「もしかしたらこっちに運が向いてるのか？」となって、一気にテンションがネガティブからポジティブに変わったんよ。「これはもしかしたらいけるかもしれない！」っていう手応えを最初に感じたのが前田日明の参戦決定ですよ。ところがね、これも何回もしゃべってることなんだけど、いざチケットぴあでチケットを売り出してさ、その数字を見て俺は愕然としたんだよね。

――4月2日開催の東京ドーム大会で、チケット発売は何月からだったんですか？

山本　1月ですよ！

――もともと前年（1994年）の末に開催を決めたくらいですから、すべてが急ピッチですよね。

山本　でね、1月にチケットを発売したら、初動で7000枚しか売れなかったんよ。

――あっ、ボクの感覚からすれば「いきなり7000枚も売れたんだ！」なんですけど、初動でそれはあまりよくない数字んですか？

山本　だってさ、4万人を動員しなきゃいけないのに、初動で1万いかないっていうのはこれは大変だなという感覚だよね。だから7000枚という数字の報告を見たときに、俺は絶望したというか、さらに言うと当時のプロレス界の現状を見てしまったなという ね。つまり、「これはファンがだいぶプロレスに冷めてきているな……」と思ったんよ。

――リアルなマーケティングで情報を取ってしまったわけですね。

山本　現実を知ったわけですよぉ。でさ、ちょうど週プロの売り上げも下降し始めていたんよね。その現実問題とチケットの売れ行きというのが完全にマッチしていたので、プロレス界の熱気、プロレスファンの気持ちというものはダウンしつつある、シラケてしまってるなっていうことを俺は認識してしまったんよ。それでもまた動揺したわけだけど、俺自身はさ、その頃はもうプロレス業界に飽きてたんよ。

——それは前にも聞きました（笑）。

山本　完全にシラケてたんよね。「もういいや！」みたいなさ。なぜかと言うと、41歳のときに週プロの編集長になって8年が経っていたんよ。「もういいかげん、いいだろう」みたいな感じになっていたわけ。だから自分のテンションを維持するのが厳しいというか、難しいなっていう状況になっていたわけですよぉ。

——SWS旗揚げの時点で、すでに業界に飽きていたということですもんね（笑）。

山本　飽きてた！　だからあとで振り返ると、俺は人生を大失敗してるんよ。1990年にSWSが旗揚げして2年で失敗したでしょ。それで1993年にはK－1が誕生したんですよ。その第1回のグランプリをやったフジテレビの『LIVE UFO』の人が俺に相談しに訪ねてきたんよね。「これから業界はどうなっていくと思いますか？」ということで俺にアドバイスを求めてきたので、「まちがいなく格闘技の世界になりますよ」と。ちょうどSWSも終わっていたし、もしも俺がクールなビジネスマンだったなら、そのときそっちにシフトチェンジするべきだったんですよ。

——フジテレビ格闘技に。

山本　SWSであんなぐちゃぐちゃでややこしい、めんどくさいことになったから、俺はもう嫌気が差しててさ、フジテレビから話が来たときに「私はそっちに移りたいです」って言って、週プロを捨てて行けばよかったんよ。そうしたら向こうはたぶん受け入れてくれたはずですよ。だけどそれをしなかった俺は目が曇っていたというかね。アメリカンな、シビアな頭を持っていなかったということだよね。

——業界の潮目を読むことには長けてるけど、自分の人生の潮目は読めていなかったってことですね。

山本　まーったく見えていなかった！　これはギャグですよ！　もう目の前の半径1メートルぐらいしか見えていなかったんよ。業界を読む点ではスペシャリストだったんだけど、自分の人生プランというものに対してはなんにもわかってなかった。それで1996年にサムライTVが誕生するわけですよ。あのときも三井物産の人が最初に俺のところに相談しに来たんですよ。そこでも移るチャンスはあったんだよな！　谷川（貞治）が行く前に俺に話が来てたんだから、俺が行けばよかったんよ。向こうも引き抜きみたいな形でベースボールに訪ねて来てるのにさ、そこで俺はまたもチャンスを逃してるんよ。だから俺は人生で2回、転換期を逃してしまった、大きなミスをやってしまってるんよ。そこでさ、もし動いたとしても成功するかどうかはわからないけど、現状を捨てるっていうことが重要だったんですよ。

——飽きているわけですからね。

山本　もう終わってるんだから。週プロはやりきったんだから、興行のほうに行くか、映像のほうに行くかっていう選択肢があったのなら、アメリカ人だったらそこで動くわけですよ。そうして自分を高く売り続けるわけだから。まあ、あとから振り返ってみてわかったことというかさ、すべてはあとの祭りですよぉぉぉぉぉ！

「元子さんも仲田龍ちゃんも困ったわけですよ。週プロに対してなぜ馬場さんは真っ先に『イエス』と言わないのかと」

——あとの祭りなことをめちゃくちゃ熱く語りますね（笑）。それで話を戻すと、『夢の懸け橋』のチケットが初動で7000枚しか売れていないと。

山本　その瞬間に「これは毎週、誌面で宣伝しまくらないといけない」となって、週プロでも怒涛のように4・2にシフトして、Uインター、藤原組、女子プロの3団体、IWA JAPANの出場も決めていってさ。リングスとかはギャラ500万、女子プロとかIWA JAPANはそれぞれ400万だと！　そうしたら、なんか知らないけど「剛竜馬も入れよう」って話になるんだよね。当時プロレスバカという格好でブームになってたから。それでまあ、剛竜馬は200万。というわけで全部で12団体が出揃ったわけですよ。そして、その時点で参戦が決まっていなかったのが全日本だよね。

——山本さんとはいちばん昵懇の関係でありながら。

山本　あのね、東京ドームを借りるのって1億くらいかかるんですよ。それと団体へのギャラも合計で1億かかるので、社長が銀行に借りに行ったわけ。そうしたらすぐに貸してくれるんですよ。いくら借りたのかは知らないけど、とにかくそれでお金のことは何も心配がなかったということですよ。銀行側も「あっ、週プロでしたら喜んで貸しますよ」みたいなさ。

——そもそも『夢の懸け橋』をやることについて、編集部の人たちにはどういう形で告げたんですか？

山本 まったく告げてない。

——そんなバカな（笑）。

山本 「ウチの会社が東京ドームでやるよ」っていうことは言ったかな？　それで参加する団体名なんかも言ったと思うけど、それ以上のことは俺はまったく何も言ってない。経過報告を部下にしたことは1回もないんだから。

——じゃあ、編集部の人たちも最新情報は山本さんの巻頭記事を読んで知るって感じですか？

山本 そうそう。

——なんでそういうふうにしたんですか？

山本 言っても仕方がない。意味ないじゃん。

——なんですか、それは（笑）。でも女子プロとかインディーの団体は各担当の記者さんが出場の交渉をしたりしたんじゃないですか？

山本 でも、あの頃は週プロの顔があるから、誰が担当でも言えばみんなオッケーするでしょ。

——あと、どうやらギャラも悪くないですし。

山本 破格ですよ！　たった1試合なんだから。ハッキリ言ったら、そのへんの団体が後楽園ホールで興行をやったときの利益よりも多いわけですよ。多いどころか倍くらいあるから！　しかもノーリスクでね。だから各団体はみんな喜んだし、「ノー」と言う団体はいないわけですよぉ。

——だけど全日本だけなかなか決まらなかったと。最後の全日本との交渉では、馬場さんとの直接対決があったわけですよね？

山本 馬場さんが1月、2月、そして3月の頭になっても「イエス」と言わないんだよね！　あれだけ週プロと全日本はツーカーの仲で、お互いに同盟を結んでSWSと闘ったりしていたのに、なぜかそのとき馬場さんは「イエス」とは言わないんですよ。

——「ああ、始まったな」と（笑）。

山本 そこが馬場さんという人間の腹黒いところというか、役者というか、意地悪というか、とにかくどうしようもない人なわけですよぉ！（笑）。だけどね、それには元子さんも仲田龍ちゃんも困ったわけですよ。普段、あれだけお世話になっている週プロに、なぜ真っ先に「イエス」と言って参戦しないのかっていう思いがあるけれど、それは馬場さんの一流の駆け引きというか、要するにもったいぶってるわけですよぉ！　だけど、こっちは全日本も決めないとチケットが売れないわけでしょ。だから事業部の人間があせって、俺のところに何回も来ましたよ。しつこくね、「早く全日本の参戦を決めろ！」って言ってきたよ。そこで俺はこう説明したんですよ。「いや、これは馬場さんの策略ですから。参戦しないということは絶対にありえないんだから安心してください」と。

——「言うてるだけです」と。

山本　絶対に出場するに決まってるんだからと言ってもさ、とにかく事業部は不安に陥っちゃっていてさ、大会当日までに1枚でもチケットを売りたいっていうのがあるから、その「全日本は何をやってるんだ！」ってことで俺はもの凄く詰められたんよ。

「馬場さん、全日本に1000万プラスしたことがもし新日本にバレたら、これはとんでもないことになりますよ」

——そこでまたモチベーションも下がり（笑）。

山本　だからね、元子さんと龍ちゃんにしても早く馬場さんに「イエス」と言ってほしいわけですよ。それでホントにギリギリの、3月半ばか20日くらいになって、やっと出ることが決まったわけよ（笑）。

——本当にギリギリのタイミングですね。

山本　それで馬場さんに「ありがとうございます！」って言ったら、またそこで嫌味を言うんだよ、あの人は！「なんで全日本が新日本の前に試合をやらなきゃいけないんだ？　なんで新日本がメインなんだよ」と。そうやってあの人は一流のクレームをつけるわけですよ。

——一流のクレームというか、難癖ですよね。

山本　難癖の帝王ですよ、あの人は!!

——あのとき、試合順は団体の歴史が古い順だったんですよね。それはみんなが納得するナイスアイデアだと思いました。

山本　で、そのときに馬場さんが言った条件というのは「じゃあ、ウチはセミでいいよ」と。「そのかわり契約書にあった2000万よりも1000万プラスだな」って。俺はそのとき、馬場さんがいかにキラーかってことを初めて思い知ったよ。そんなことを言ったらさ、それまでの友情関係、同盟関係が壊れかねないじゃない。だから、そのときに俺は

「いや、馬場さん。全日本に1000万プラスしたことがもし新日本にバレたら、これはとんでもないことになりますよ。あとで絶対に揉めるからそれは勘弁してください」と言いたかったんよ。

――「言いたかったんよ」?

山本 それか、「じゃあ、百歩譲って半分の500万プラスにしてください」とか言おうと思ったんよね。

――「言おうと思ったんよね」?(笑)。

山本 だけど、それを言ったらまだまだ揉めるなと思ったからさ、そこで俺はもう「わかりました!!」と言って、事業部にも「全日本は1000万プラス!」って伝えましたよ(笑)。

――『夢のかけ算』じゃないですか……。いまのは我ながらうまい(笑)。

山本 だから俺にとって、あの興行のいちばんの衝撃はジャイアント馬場だったんよ。

――完全に馬場さんからの条件を飲んで。まあ、そこは山本さんががんばってギリギリの交渉をする義理もないですもんね。

山本 だって、俺がカネを出すわけじゃないし、そもそも言いだしっぺでもないんだからね。会社がカネを出すんだからどうでもいいやっていうさ。

――「1000万アップで話をつけてきました」くらいのもんですよね。

山本 そうそう。だけど、それでもまだ終わらないんよ。馬場さんの細かさがどんどん出てきてさ。一応、契約書を作るでしょ。それを各団体に渡すわけですけど、そんなの団体側はまったく何も読んでないんよ。もうお金さえちゃんともらえたらいいやっていうね。要するに現場ナマ主義、即金主義というかさ。

――「まあ、変なことは書いてねえだろ」っていう。

山本 だから契約書を読まずに「ああ、わかった、わかった」って感じでね、「いや、ここはこうじゃなきゃおかしい」とか言ってこないわけですよ。だけど馬場さんは契約書の内容をすべて事細かに読んでるんですよぉ。

――大きな身体で隅から隅まで。

山本 そこでね、ふたつ言ってきたんよ。ひとつは「映像は撮るなよ」と。あとでビデオを売ったりとかそういうことはしちゃダメだと。まあ、それはいいし、わかる。だけど、ふたつめが凄いんですよ!「プロレスは試合をやったらその日にギャラを払うのが常識なんだよな」と言うんですよ!

――要するに当日のとっぱらいだと。

山本　だから俺は「でも馬場さん、大会当日は日曜日なんですよ。だからほかの団体には銀行の開いている翌日の月曜に振り込むことになっているんです」と。そう言ったのに、「いや、それはダメだ」と。

――あっ、もともとは翌日払いの条件だったんですね。それで十分じゃないですか。

山本　そうでしょ。だけど、馬場さんは「ダメだ。その日のうちに3000万よこせ」って言うんだよ。馬場さんっていうのはどれだけさぁ……（笑）。とにかく『夢の懸け橋』で俺がいちばん学んだことはジャイアント馬場の底意地の悪さですよ！　あの人の意地悪な部分を徹底的に見させられたよ。

ターザン山本！

（たーざん・やまもと）

1946年4月26日生まれ、
山口県岩国市出身。

ライター。

元『週刊プロレス』編集長。

立命館大学を中退後、映写技師を経て新大阪新聞社に入社して『週刊ファイト』で記者を務める。その後、ベースボール・マガジン社に移籍。1987年に『週刊プロレス』の編集長に就任し、"活字プロレス""密航"などの流行語を生み、週プロを公称40万部という怪物メディアへと成長させた。

フリーランスである古泉先生の、臨場感に溢れた鬼気迫るテーマが続く！

君たち
この先に新しいコンビニができたせいで
サ
古泉智浩
とうとう売上が半分になってしまった
そこで相談なんだけど
君たちの時給を50円下げさせてもらえないだろうか
えぇー
絶対嫌です
第70話 マイナンバーカードマン
今でも他より安いのに
……
あっちの店で雇ってもらった方がいいじゃないですか
仮面サンクス

しかし
このままでは
本当に畳まなければならなくなってしまうんだ
店長
売上が半分なんですよね
持続化給付金に申し込んだらいいじゃないですか
あのコロナのやつ？
そうそう
うちの売上コロナ関係ないぞ
関係なくても大丈夫なんですよ！
とにかく去年の売上よりひと月でも半分の月があれば申し込みできるんですよ
オレもTシャツ売ってんですけど元々さっぱり売れてないからダメでした

持続化給付金
持続化給付金 申請フォーム
申請者情報
なるほど
納税証明書か e-taxの受診通知が必要なのか
それには
e-taxにログインするために
マイナンバーカードで……
バーン
ログイン
エラー
電子証明書の有効期限が切れ
ます。
OK
えっ
有効期限切れ?
嘘だろ
この前申し込んだばっかだぞ
何度やってもダメだ
マイナンバーカードってこんなのばっかだな
くそー
ハハハハハ
ワハハハハハハハ

私はマイナンバーカードマン
ハハハハハハハハ
てめえか
ふざけやがって
絶対許さねえ
うおらあ
あうっ
ボコッ
よえーじゃねえか
なんだこいつ
ドス
ドス
ドス
えらそうにすんな
むにゃむにゃ

2020年のお〜い！洋一

43歳となったアウトサイダー王者、大井洋一が
コロナ渦の中で20歳以上歳下と決戦をおこなっていた。

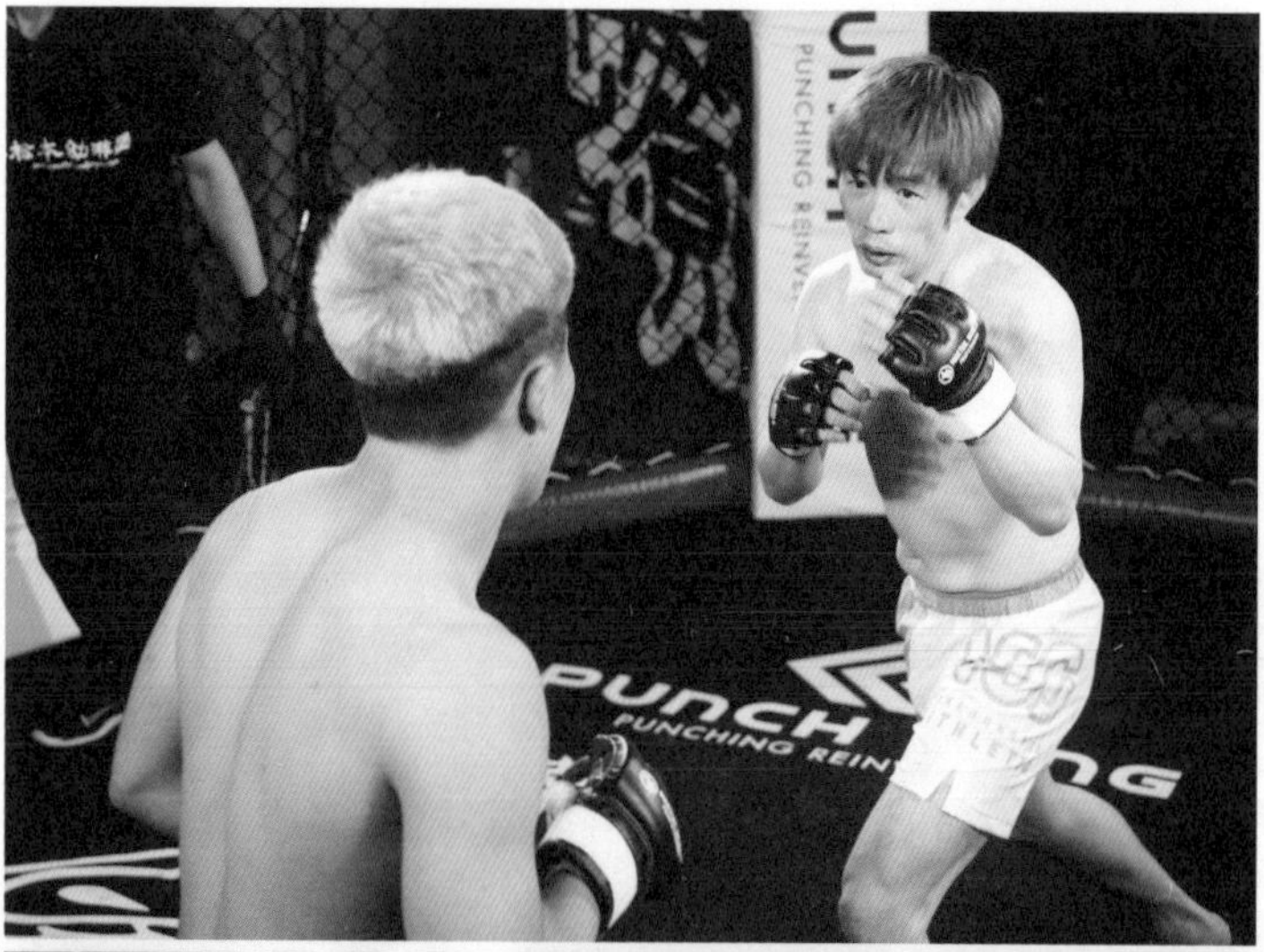

YOICHI OOI IN 2020

文：伊藤健一 （闘うIT社長／ターザンウォッチャー） 試合写真：©iSMOS

『前田詣で』がなくなってしまったのだから、むしろ大井よりも精神的ダメージは大きい。

賢明なる『KAMINOGE』読者諸君、お待たせしました。『2020年のお〜い！洋一』です。

その昔、本誌でプチ連載をしていた『今月のお〜い！洋一』。それは当時テレビ番組の企画でTHE OUTSIDER（ジ・アウトサイダー）で試合をすることになった人気放送作家・大井洋一の物語であった。

しかし、あっという間に大井への興味を失った井上編集長は、ひっそりと当連載を中止し、読者もそれにまったく気づいていなかったということに私はずっと強い憤りを覚えていた。腹わたが煮えくり返っていたと言ってもいい。リメンバー・大井洋一。

そして私は凶行に及んだ。2018年に大井がアウトサイダー55-60kg級のチャンピオンになったことを機に、私は勝手に原稿を書き殴って編集部に送りつけてやったのだ。それが当時掲載された『2018年のお〜い！洋一』だ！　あのときの私の檄文を読み、涙した読者も少なくないだろう。

その後、大井は昨年（2019年）『THE OUTSIDER 第54戦』九州大会にて初防衛戦にも成功。さらに2020年5月の九州大会において2回目の防衛戦をおこなう予定だったため、私も早々に博多のグランドハイアットを3日間ほど予約し、中洲の夜に向けて準備万端であった。しかし。

新型コロナウイルスの影響で大会は中止となり、大井の防衛戦も消滅してしまった……。

あっ、ご挨拶が遅れました、私は今年1月に〝日本版レッスルコン〟こと『闘強魂（トーキョーコン）』を主催した〝闘うIT社長〟伊藤健一と申します。

しかし、いま思い返しても『闘強魂』はアツかった!!

当日は何人ものレジェンドレスラーの皆様にご参加いただき大・大感謝!!

各レジェンドレスラーたちとファンの皆様によるミート&グリートはもちろん、あの吉田豪氏も飛び入り参戦して盛り上がった前田日明私物オークション。

名曲『らしくもないぜ』と『デュオ・ランバダ』は歌ってくれなかったが、木村健悟歌謡ショーもあり、我らがターザン山本！もスペシャルアンバサダーとして会場を大いに盛り上げてくれましたし、この令和2年に舞い降りた豊田真奈美がむちゃくちゃかわいくて驚いた！

そしてなにより、このイベントの1週間後にお亡くなりになったケンドー・ナガサキさんと、多くのファンの皆様との交流の機会を作ることができました……。

またコロナが落ち着いたら開催したいと思いますので、大井洋一よりも『闘強魂』をよろしくお願いいたします!!

さて、今年の防衛戦が消滅してしまいすっかり意気消沈していた大井だが、私とて毎年恒例のアウトサイダー控室への『前田詣で』がなくなってしまったのだから、むしろ大井よりも精神的ダメージは大きい。

「ＩＷＧＰ猪木失神事件のとき、影武者で救急車に乗ったのは俺や」
「髙田がクルマ雑誌を読んでてな、それに乗せられてポルシェを買ってしまった」
「髙田vsバックランド戦の前、バックランドが片足タックルに来たところを髙田がフェイスロックで極めた」
「最近、あんまり酒は飲まなくなったけど、甘いモノを食べるようになってしまった」

　そんな数々の歴史的証言が飛び出す『ひとり証言ＵＷＦ』の〝スターティング・オーヴァー〟は、いったいいつの日か。

大井は静かに崩れ落ち、レフェリーは試合をストップした……。

　緊急事態宣言のあと、日本の格闘技ジムのほとんどは休業となり、なかなか気軽に格闘技ができない状況が続いていた。私自身も2カ月近く格闘技の練習から遠ざかっていた。

　しかし、自粛が明けた頃に事態は急展開を見せる。なんと大井が北岡悟選手が主催する7月31日『ｉ－ＳＭＯＳ．1』（イズモスワン）に参戦することが決定したのだ!!

　あまり接点がなさそうな大井と北岡選手だが、じつは20年近く前、『極楽とんぼのとび蹴りゴッデス』で山本派（大井）と加藤派（北岡）で乱闘に加担している両者である。また、ある人物が護身用にペン型のあれをディファ有明に持ち込んだという因縁も……（各自調査）。

　とにもかくにも試合が決まった大井。放送作家という仕事の多忙さはもちろん、このコロナ渦の中では練習ができる環境を構築するのもままならず、コツコツとできる限りの練習を愚直に重ねていた。

　家族に「練習に行く」と言いつつ、実際は公園で練習着を濡らして帰宅していたと噂される格闘家もいるというのに、大井は家族に迷惑をかけないようにと、練習後はコインランドリーに立ち寄って自分で練習着を洗っていた。億万長者の売れっ子放送作家とは思えないストイックさだ。泣ける……。

　そんな大井から「風呂行きませんか？」と言われたら、一瞬ソープの誘いかと思ってしまったにせよ、私もできる限り銭湯に付き合い、コンディション作りに協力をした。

　43歳となった大井は、この状況下でも最大限の準備をしていたのだ。

　そして7月31日金曜日、決戦当日。会場はパンクラスイズム横浜。大井の対戦相手は矢澤涼選手（パンクラスイズム横浜）、年齢差はなんと20歳以上だ。

　しかーし、大井は『ＡＧＥ－ＩＳ ＪＵＳＴ Ａ ＮＵＭＢＥＲ（年齢はただの数字）』を座右の銘とし、アウトサイダーの年齢制限を変えさせた男。

　試合が始まった（今回は無観客大会のため、私も現地まで応援に行けずリモート観戦）。

　矢澤選手の軽いフットワークからのパンチのキレがよく、大井は何発か被弾する。序盤の動きが固いのはいつもどおり、リズムを取り戻してから反撃するのが大井のスタイル。

さあ、大井の反撃だ。左ジャブを繰り出し、相手の蹴りをスウェーで交わすなどして少し動きがよくなってきたぞ。

だが、大井がケージを背にした瞬間、矢澤選手の右のオーバーハンドが炸裂!! 大井は静かに崩れ落ち、レフェリーは試合をストップした。

大井洋一、ＫＯ負け………（泣）。アチャー、アチャーだ。しかし、このコロナ渦の中、大井は最大限、本当によくがんばった。

『２０２０年のお～い！洋一』、お疲れさま！

いまだアウトサイダー王者である大井の闘いはこれからも続く。そして、きっと不死鳥の如く蘇る。

立ち上がれ、大井！

大井洋一が闘い続ける限り、この連載は続くのだ。

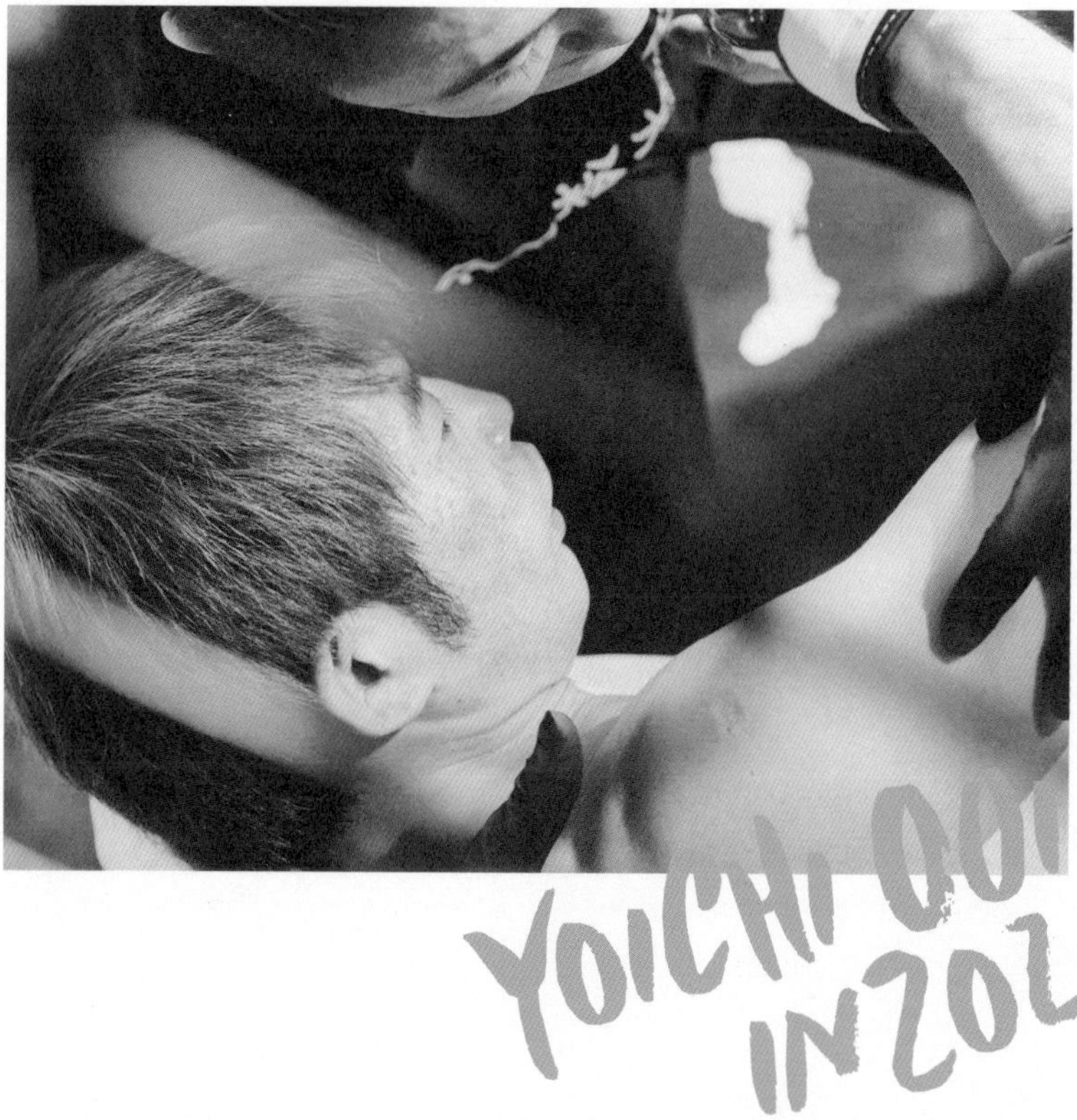

YOICHI OOI IN 2020

マッスル坂井と真夜中のテレフォンで。

08/18

MUSCLE SAKAI DEEPNIGHT TELEPHONE

仕事でひさしぶりにTBSラジオに行ってきたんですけど、本当にリモートで局内に人が全然いないんですよ。それで凄いリラックスしていたら、そこに大男がやってきたんです

「自分のすべてを否定されたような気持ちになって、ついカッとなってしまいましたよ」

坂井　じつは今日、私は仕事の関係で県をまたいだ往来をしているんですよ。

――あっ、いま東京ですか？

坂井　そう。せっかく東京にいるのになんで井上さんに会えないんですか？

――いやいや、あなたが仕事だったからでしょう。そして私は締め切り直前。

坂井　夜中の1時ですしね。

――いまホテルですか？

坂井　ホテルですよ。今日は夜遅くまで仕事だったので、どっちかっていうと繁華街から離れた、日本橋というところで投宿しております。東京駅から歩いてすぐのところです。

――あっ、いつもの定宿ではなく？

坂井　俺、日本橋にも定宿があるんですよ。でも近くに飲食店もコンビニもないっていうオフィス街だから、夜はかなり静かで。

――それでチェックアウトしたら、サクッと新潟に帰れるし。

坂井　そうです、そうです。

――落ち着いたなぁ。

坂井　そうですねえ。

――動きに無駄を省いてるな。

坂井　けっしてそれがいいことだとは思っていないんですけどね。だって、私の人生のモットーは「無駄にこそクリエイティブが宿る」ですよ。

――えっ？

坂井　いや、わかんないけど。いま「無駄

構成：井上崇宏

を省いてる」とかって言われちゃったから、自分のすべてを否定されたような気持ちになって、ついカッとなって適当なことを言ってしまいました（笑）。違うんですよ、ちょっと俺、東京の暑さに面食らってまして、いまだいぶ頭が回ってませんわ。新潟を出て東京駅に着いた瞬間から、暑すぎて「ヤバイ……」ってなって。

——ここ数日の暑さはそうなるよねえ。

坂井 それでね、直感的に「これはヤバイ！　カレー食わなきゃ！」ってなって。

——身体が薬膳を欲した（笑）。

坂井 もう本能でしょうね、「これ、カレー食わないと本当にバテるわ」と思って。八重洲地下街でチキンビリヤニにミニカレーを追加して食べてましたよ。

——じゃあ、パパッと話して終わりましょう。

坂井 いつもこの私と井上編集長のやりとりって、どなたかがテープ起こし的なことをされてるんですか？

——はいはい、いまさらですがいい質問ですね。もう創刊時からずっと奥付のクレジットに名前の入っている佐藤篤くんという男がやってくれていますね。

坂井 ペールワンズの人？

——もともとペールワンズにいた後輩なんですけど、彼はいま秋田で家業の手伝いをするかたわらで、『ＫＡＭＩＮＯＧＥ』の全記事の起こしをやってくれてますね。

坂井 そうなんだ。でも、これっていつも入稿の2日前とか前日くらいに録ってるじゃないですか。

——今月なんかはもう、日付が変わって今日が入稿日ですから（笑）。

坂井 その佐藤くんは、この音声ファイルをいまスタンバイして待ってるんですか？

——そうですよ（笑）。

坂井 なんか、いつもダラダラと一時間以上もしゃべってるのに申し訳ない話ですよね。

——申し訳ないです。たとえば、このページはたしか3700字なんですけど、会話を全部起こすと1万5000字くらいになりますから。

坂井 じゃあ、いつも新潟と東京間で電話している内容が秋田に飛んで。秋田で文字に起こされて東京に戻ってくると。

——かじかんだ手を温めながら起こした文字を（笑）。

坂井 育児をしながらですよね。

——いや、たしか結婚はしてないな。

坂井 じゃあ、なぜ秋田に住んでるんですか!?　なんかその人、変わってません？

——っていう、いまのその発言も佐藤くんが無表情で起こすんだからね（笑）。

坂井 あー、ごめんなさい。

——実家の家業をお父さんと一緒にやってるんですよ。

坂井 実家はテープ起こし屋なんですか？

——テープ起こしは家業じゃねえよ（笑）。

坂井 じゃあ、家業は何を営まれてるんですか？

——なんだったかな？　忘れたな。

坂井 たぶん、あとで起こしが届くときに「※家業は○○です」ってちゃんと佐藤くんの補足が加えられてくるんでしょうね。

——アハハハハ。絶対にそう（笑）。

坂井 「ねじ全般の卸をやってます（佐藤註）」みたいな（笑）。

（※佐藤です。幼児教育施設への絵本、備品等の販売を営んでおります）

「こういうコンピュータで音楽が作れる時代にね、ギターやベースをやろうとするっていう姿勢がいいです」

坂井　そういえば、お盆休みは何をやってたんですか？

――いやいや、お盆休みって先週でしょ？まったく関係ないくらい普通に取材とかをやってましたよ。だから佐藤くんもお盆休みもなく、起こしをやってくれてたんじゃないの。

坂井　なんか最近、おもしろいこととかなかったんですか？

――もちろんある。こないだね、いきなり息子が「ちょっと話があるんですが」と言ってきて。「えっ、なんで敬語？」と思ったんだけど、「エレキギターを買っていいですか？」っていう。

坂井　へえ～！　キュンキュンしますねえ！

――で、いま毎日ギターを弾いてる。いい話でしょ（笑）。

坂井　いや、いい。そこでいきなり「FMWに入りたいんですが……」って言われたら、「んんん……!?」ってなりますけど。

――それで俺はうれしくてつい、五木田（智央）さんに「ウチの子がエレキギターを始めました」とショートメッセージを打ったんですよ。そうしたら「ウチの息子はベースを始めました」って返ってきて（笑）。

坂井　はあ～！　シンクロニシティ！

――「あ～、じゃあバンド組ませましょうか」みたいな（笑）。でもですよ、親が我が子にロックンローラーになってほしいなんて思うのは、めっちゃサムいじゃないですか。

坂井　そうですか？　井上さんとか借金してすぐにスタジオを作っちゃうと思いますよ。

――あっさりと（笑）。

坂井　わかんないけど、たとえば、ハマ・オカモトのお父さんである浜田雅功さんがどういうふうに応援してたのかとか、ちょっと想像がつかないですもんね。もう子ども同士のお見合いはさせてるんですか？

――いやいや、たしか子どもたちは一度も会ったことがないよね。

坂井　なんか会った瞬間にピンと来るものがあると思いますよ。ドラムはどうするんですか？

――ドラムはすでにいるだろう、新潟に。ドラムなのにじっと椅子に座ってらんない子どもがひとり（笑）。

坂井　アッハッハッハ！　そ、それはウチのリュウセイですか？（笑）。

――リュウセイくんはいくつだっけ？

坂井　まだ小4ですよ。

――ああ、ギリ一緒に活動できるかな。

坂井　いやいや、けっこう下じゃないですか？　しかも最近、なぜかずっと胸にドラえもんのロゴが入ったTシャツを着てますよ？（笑）。

――ほら、ドラじゃん。ドラムのドラだよ（笑）。

坂井　ドラえもんのドラって、ドラムのドラだったんですか!!　じゃあ、ドラムで参加させていただいてもいいんですか？

――ドラムはリュウセイくんに決定だな。なんか、すげえ見えてきたな。

坂井　見えますねえ。

――五木田さんにはまだ何も見えていないと思うけど（笑）。

坂井　あとボーカルはどうします？

――あと、誰のせがれがいたっけ？

坂井　うーん……。我々って著しく家族付き合いとかしないですからね。